"北京印刷学院校级资助项目"（英文：BIGC Project），项目编号：23190114025

新媒介环境下高校思想政治教育效果研究

刘华丽　王喜荣　著

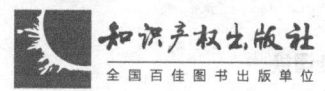

图书在版编目（CIP）数据

新媒介环境下高校思想政治教育效果研究/刘华丽，王喜荣著.—北京：知识产权出版社，2016.10

ISBN 978-7-5130-4462-2

Ⅰ.①新… Ⅱ.①刘… ②王… Ⅲ.①高等学校—思想政治教育—研究—中国 Ⅳ.①G641

中国版本图书馆CIP数据核字（2016）第221451号

内容提要

在知识经济时代，高校思想政治教育面临新的形势，一方面是大学校园的主体发生了很大的变化，即在校大学生的整体状况发生了变化；另一方面是大学校园面对的新媒介环境所形成的挑战。本书分析了新媒介环境下高校思想政治教育所面临的新问题，并提出了重视新媒介环境对高校思想政治教育的影响。

责任编辑：刘晓庆 于晓菲　　　　　　　　责任出版：孙婷婷

新媒介环境下高校思想政治教育效果研究
XINMEIJIE HUANJINGXIA GAOXIAO SIXIANG ZHENGZHI JIAOYU XIAOGUO YANJIU

刘华丽　王喜荣　著

出版发行	知识产权出版社 有限责任公司	网　址	http://www.ipph.cn
电　话	010-82004826		http://www.laichushu.com
社　址	北京市海淀区西外太平庄55号	邮　编	100081
责编电话	010-82000860 转 8363	责编邮箱	yuxiaofei@cnipr.com
发行电话	010-82000860 转 8101/8029	发行传真	010-82000893/82003279
印　刷	北京中献拓方科技发展有限公司	经　销	各大网上书店、新华书店及相关专业书店
开　本	720mm×960mm　1/16	印　张	13.75
版　次	2016年10月第1版	印　次	2016年10月第1次印刷
字　数	180千字	定　价	48.00元

ISBN 978-7-5130-4462-2

出版权专有　侵权必究

如有印装质量问题，本社负责调换。

※目 录※

第一章 新媒介环境 …………………………………… 1

一、新媒介的界定 …………………………………… 1

二、新媒介的发展历程 ……………………………… 4

三、新媒介的基本特征 ……………………………… 6

四、新媒介对社会的影响 …………………………… 11

第二章 新媒介环境下高校思想政治教育出现的新变化 …… 14

一、新媒介环境下高校思想政治教育内容的丰富 …… 14

二、新媒介环境下高校思想政治教育载体的变革 …… 18

三、新媒介环境下高校思想政治教育的客体特点变化 …… 25

四、新媒介环境下高校思想政治教育的主体特点变化 …… 27

五、新媒介环境下高校思想政治教育双主体性特点 …… 31

六、新媒介环境下高校思想政治教育的环体变化 …… 34

第三章 新媒体环境下加强高校思想政治教育的必要性 …… 38

一、新媒体环境下高校思想政治教育出现的问题 …… 38

二、新媒体环境下加强高校思想政治教育的重要性 …… 41

三、新媒体环境下高校思想政治教育的含义与特点 …… 42

四、新媒体环境下高校思想政治教育的目标和内容 …………… 46

第四章　贝罗 SMCR 理论在高校思想政治教育中的实践探索 … 51

　　一、贝罗 SMCR 理论 ………………………………………… 51
　　二、贝罗 SMCR 理论在教育传播学中的运用 ……………… 56
　　三、大学生思想政治教育实效性的内涵及其影响因素 …… 59

第五章　思想政治教育传播主体——思想政治教育工作者 …… 62

　　一、大学生思想政治教育队伍的含义及类型 ……………… 63
　　二、运用贝罗 SMCR 理论分析影响思想政治教育者的传播因素 … 64
　　三、当前思想政治教育工作的教育者队伍现状——以辅导员为例 … 66
　　四、新媒介环境下教育传播主体出现的新变化 …………… 69
　　五、新媒介环境下对教育传播主体提出的新要求及应对策略 … 73
　　附件 1　高校"80 后"辅导员职业道德素养调查分析 ……… 81
　　附件 2　新媒介环境下高校思想政治教育工作者出现的新变化调查问卷
　　　　　　（大学生的反馈）………………………………… 96
　　附件 3　新媒介环境下高校思想政治理论课教师出现的新变化调查问卷 … 101
　　附件 4　新媒介环境下高校辅导员在思想政治教育工作中出现的
　　　　　　新变化调查问卷 ………………………………… 106
　　附件 5　新媒介环境下高校思想政治教育主体出现新变化调查
　　　　　　问卷的详细分析 ………………………………… 111

第六章　高校思想政治教育的传播内容 ……………………… 123

　　一、思想政治教育的内容 …………………………………… 123
　　二、新媒体环境下思想政治教育内容发生的新变化 ……… 124
　　三、新媒体为思想政治教育工作带来的难题 ……………… 125

第七章　高校思想政治教育传播通道：教育载体 ……… 138

一、思想政治教育载体及其特点……………………… 139
二、建设思想政治教育网站…………………………… 142
三、利用QQ群空间开展思想政治教育工作………… 143
四、利用博客进行网络思想政治教育………………… 146
五、利用手机短信开展思想政治教育………………… 149
六、利用微信开展思想政治教育……………………… 151

第八章　高校思想政治教育传播的受众——大学生 … 155

一、媒介素养及媒介素养教育定义和内涵…………… 156
一、当前受众——大学生在新媒介环境下发生的思想特点改变 … 160
二、当前高校大学生媒介素养的现状………………… 161
三、当前大学生媒介素养存在的问题………………… 187
四、对于思想政治教育工作者而言，大学生媒介素养
　　教育存在的难题…………………………………… 189
五、思想政治教育视域下加强大学生媒介素养教育的意义 … 191
六、思政工作者对大学生进行媒介素养教育途径探析 …… 194

附录　新媒介环境下大学生媒介素养调查问卷 ……… 201

参考文献 …………………………………………………… 207

第一章　新媒介环境

时至今日，人类的信息传播主要分为三个阶段：口头传播阶段、文字传播阶段和电子传播阶段。每个阶段的进步都是以信息技术的革命性进步为前提的。信息技术的每次创新，都带来了信息传播的大革命，而每一次大革命都给人类的社会进步带来了巨大而深远的影响。计算机网络技术的发展，特别是互联网的发展，为信息传播的进步奠定了新的基础。随着以互联网为代表的各种新媒介技术日新月异的发展，新媒介改变世界的时代已经到来。

一、新媒介的界定

作为一种人类信息沟通和交流的重要手段，媒介一直以来都是人们生活的重要组成部分。人类自从产生交往以来就没有离不开过媒介，口头语言、肢体语言、表情、图画和文字等都是人与人之间沟通和交流的重要工具。近年来，随着新技术浪潮的不断推进，各种新技术对社会生活的影响日渐显著，特别是作为新技术浪潮的先导性技术——信息技术，对社会生活的影响既普遍又深刻。

国内外对媒介的定义大同小异，一般认为媒介就是人们传播信息的工具。从原始人类的声音、语言、文字，到现在人们所熟悉的书籍、报纸、杂志、电影、广播、电视、网络和手机等都属于媒介的范畴。麦克卢汉更是指出"媒介是人类器官的延伸"，"媒介即讯息"是他对媒介的界定。"一切人工创造物、一切技术和文化产物，甚至大脑和意识的延伸"都是媒介，这一观点唤起了整个社会对媒介的重新思考和界定。

新媒介（New Media）是一个比较特别的术语，因为关于新媒介的确切定义，目前业界和学界尚未达成共识。目前，关于新媒介的概念都是宽泛的、相对的。新媒介是指新的技术支撑体系下出现的媒介形态，这个"新"主要是相对于旧的传统媒介而言。这主要是因为不同的时期有不同时期的新媒介，而由于新技术还在不断更新换代，新媒介的概念也在不断被更新。

新媒介（New Media）源于1967年的一份商业计划书。时任美国哥伦比亚广播电视网（CBS）技术研究所所长，同时也是NTSC电视制作的发明者P.戈尔德马克首次提到了新媒介一词。1969年，美国传播政策总统特别委员会主席E.罗斯托在向尼克松总统提交的报告书中多次使用了"新媒介"一词。随后，新媒介一词便开始广泛使用开来。

国内外许多专家的学者对新媒介进行了界定。联合国教科文组织曾经对新媒介下过定义：新媒介就是网络媒体。美国的俄裔新媒介艺术家列维·曼诺维奇认为，新媒介将不再是任何一种特殊意义的媒体，而不过是一种与传统媒体形式相关的一组数字信息，但这些信息可以根据需要以相应的媒体形式展现出来。在国内，清华大学熊澄宇教授认为，新媒介主要指在计算机信息处理技术基础上出现和影响的媒体形态，包括在线的网络媒体和离线的其他数字媒体形式。中国传媒大学宫承波认为，门户网站、虚拟社区、搜索引擎、电子邮件、网络游戏和网络文学属于新媒体。

百度百科解释新媒介是，"报刊、广播、电视等传统媒体以后发展起来的新的媒体形态，包括网络媒体、手机媒体和数字电视等"。《日本现代设计事典》中对新媒介的解释主要分为三个类型：有线类，即情报提供与终端均有线连接的；无线类，即卫星播送与高解像度电视、数码电视等，是电波传送的；商品类，即光碟、八毫米录像带等。在这个界定中，数字传输与数字制作成为新媒介的主要指标。

但是"新媒介"的概念从诞生开始,就不断被更新换代。比如,一开始这个概念是指当时刚开始兴起的电视,但互联网出现后,原来的新媒介——电视却成为了"传统媒体"。后来,各种各样的新技术都被泛称过"新媒介",如数字杂志、数字广播、手机电视、楼宇电视、移动电视、网络社区、IPTV、触摸媒体、博客、微博、高清电视甚至电子邮件、网络游戏和搜索引擎等。新媒介之所以没有确切和统一的定义标准,和它牵涉的技术范畴过多、过杂有关。唯一可确认的是,新媒介的概念将随着新技术的变化而变化。

罗杰·菲德勒曾经说过,一切形式的传播都紧紧交织于人类传播系统的结构之中,而不能在我们的文化中彼此独立存在。每当一种新的形式出现和发展的时候,它就会长年累月地和程度不同地影响一切其他现存形式的发展,共同演进与共同生存,而不是向基金化和取代。事实上,对新旧媒体的界定而言,"阶段或时期并非彼此相继,而是相互涵盖;并非彼此置换,而是相互补充;并非按历史顺序发生,而是同时代存在"[1]。比如,在一段时间里,互联网确实也和广播、电视一样,是相对独立而又与其他媒介共存的传播形式。但在20世纪末,互联网是作为传播媒介的最高形式出现的,几乎包括了以往和当时所有的传播方式——文字、图片、声音和影像,传播形式似乎已经达到了顶点。然而,这并不意味着互联网就是传播媒介的终结形式。随着技术的进步和人的需要的发展,新的传播媒介和传播形式仍会产生。

尽管各种定义的侧重点不同,但我们可以总结出,新媒介从技术上看,体现出,新的技术(如数字化)的应用;从传播特征上看,新媒介应该是具有互动性的,网络媒体、移动媒体等显然都属于这个范畴。

---

[1] [美]波斯特.第二媒介时代[M].范静晔,译.南京:南京大学出版社,2000.

二、新媒介的发展历程

美国学者马克·波斯特在互联网诞生后的第 27 年，于 1995 年提出第一媒体时代和第二媒体时代的概念。他认为，第一媒介时代是指以信息制作者极少而消费信息者众多的单向性播放型模式占主导的时代，可划分为口语传播时代、印刷媒介时代和影像媒介时代；第二媒介时代，是指以媒介的制作者、销售者和消费者为一体的双向型、去中心化的交流模式为主导的时代❶。新媒介时代正是在第二媒介时代的范畴里，基于网络技术的出现和发展所出现的媒介时代。

以网络媒介为代表，新媒介的发展经历了从 Web1.0 到 Web3.0 变化的过程。

第一，Web1.0 阶段：以新闻门户网站为代表的大众传播模式+以 BBS 为代表的简单互动模式。

1990 年，当万维网出现以后，信息资源可以通过一个个网页直观地表现出来，这种利用互联网实现人类海量资源共享的技术，就叫"Web1.0"。"Web1.0"的本质是集合、联合和搜索，其聚合的对象是杂乱无章的网络信息，如一个文本、一张图片、一段音频视频和一段数据等。这些零星散乱的数据聚沙成塔，就成为网络神奇力量的来源。

Web1.0 阶段一般采用拨号上网的方式，平均宽带很窄。这一时期的媒介表现形式通常以门户网站为典型，由网站编辑作为把关人，把传统媒介中的内容平移到网站上，供用户访问。Web1.0 主要是"一对多"的传播模式，可以说是由传统媒介向新媒介的过渡阶段。

第二，Web2.0 阶段，以博客/互动百科为代表的用户参与内容创造和分享传播模式+以微博为代表的碎片化传播模式+以社交网络为代表的开放

---

❶ 匡文波. 新媒体概论[M]. 北京:中国人民大学出版社,2012.

式小众聚合传播模式。

"Web1.0"只解决了人对信息搜索和聚合的需求,没有解决人与人之间沟通、互动的需求,所以"Web2.0"应运而生。2004年3月,欧雷利媒体公司负责在线出版及研究的副总裁戴尔·多尔蒂首次提出"Web2.0"概念并迅速风行,被称为互联网从核心内容到外部应用的革命。典型的应用有MySpace和YouTube等,由网站负责提供空间,全部内容来自用户创造,涉及个人博客、群组、照片、录像和音乐等多种互动服务。

在Web2.0阶段,大多数人都采用宽带上网的方式,信息提供者从单一的机构变成机构和个人的联合体,把关人的角色逐渐模糊,在传播模式上则是"一对多"和"多对多"并存。可以说从"Web1.0"到"Web2.0"需求的层次从信息上升到了人,并赋予了受众一种极大的自主性。

第三,Web3.0阶段,媒介或许将成为人的一部分,"人—媒"融合模式。

"Web3.0"的概念还在酝酿和形成之中,它力图补充"Web2.0"的不足,希望体现深度参与、生命体验和参与的价值。Web3.0和Web2.0一样,并不是技术的创新,而是以思想创新来指导技术的发展和应用。

关于Web3.0的特征还众说纷纭,但大致包括大数据、人工智能、云计算、虚拟现实、语义网、物联网、跨媒介、映射和地理定位等。可以畅想的是,在Web3.0阶段,网络会拥有更高速的宽带,自媒体的充分发展会出现"个人门户网站"的概念。这种网站甚至可以发展成不再以地域和疆界进行划分的虚拟王国,各种以兴趣、语言、主题、职业和专业进行聚集和管理的人集合在一起。那时候,个人和机构之间会建立一种互为中心而转化的机制。当虚拟货币得以普及后,人们甚至可以在虚拟的世界中获得经济效益。

总之,从Web1.0到Web3.0是一个从简单的、低级的层次向复杂的、高级的层次不断进化的过程。随着技术的不断发展,网络虚拟世界的仿真程度向真实生活的深度和广度进行全方位的延伸,越来越强并且能够达到逼真的全面模拟人类生活的程度,最终或许"网人合一"的那一天真的会到来。

三、新媒介的基本特征

相对于传统媒介而言,新媒介有许多与生俱来的特性,这些都是传统媒介所不能企及的。新媒介在技术上呈现数字化特征,功能上具有整合性,参与方式上具备高互动性,在信息内容和传播方式上表现出多元性;同时在使用方式上拥有多样性,并且信息传达也十分及时。具体表现如下。

(一)技术上的数字化

媒介从来都是伴随着科学技术的发展而发展的。数字技术产生于20世纪40年代,它的快速发展给媒介的发展带来了翻天覆地的变化。在旧媒介中,信息的处理、传播和存储一般是以模拟技术为基础的,结果造成不同媒介工具之间信息相互转换和共享的困难。特别是由于通用的电子计算机几乎都是数字的,因此如果信息的载体是模拟的,就无法与计算机直接兼容。虽然数字化现象在人类传播历史上出现的时间不长,但却对人们的生活方式和现实社会的发展产生了深刻的影响,对于传播媒介的发展来说有划时代的影响。它改变了传统媒介以载体作为区分标准的划分惯例,使信息传递的载体不再局限于某种介质,信息的传播形态也发生了本质性的改变,因而"数字化"成为现代传播方式与传统传播方式的区分词。

数字化就是将许多复杂多变的信息转变为可以度量的数字、数据,再以数字和数据建立适当的数字化模型,并把它们转变成为一系列二进制代码,引进计算机内部,进行统一处理。数字化技术是数字计算机的基础,更是多媒体技术的基础。数字化技术的出现,使得数字、文字、图像和语言甚至虚拟现实等任何可视世界的信息,都可以通过二进制代码表示。从此，数字不单用来计算，更可以表示各种媒介，并可以描述千差万别的现实世界。

鉴于此，新出现的媒介工具几乎都变成了以数字技术为基础的，也就是说，数字化是现代传播的一个共有现象，既包括一些本身就利用了数字技术的媒介，也包括非数字媒介借助数字平台进行传播的行为。从现代传播途径来看，能够与传统传播方式进行区别的也不是某单个的媒介，而是数字化。这样的话，用"数字化"来概括新媒介的技术特点就更科学、全面，避免了将各种传播媒介孤立起来考察的弊端。此外，从发展趋势看，数字化的特征是一种稳定的现象，它不受载体的发展变化而变化。近几年来随着科技的发展，手机、楼宇电视等媒体化的新数字媒介的不断出现，使得数字化成为新媒介区别于传统媒介的最显著的特点。

（二）功能上的整合性

从功能角度看，新媒介具有很强的整合性。传统媒介的功能大多是单一的，如报纸仅供阅读，广播仅供收听，电视虽然可以声像并茂，但却不能用来进行信息的传输或处理。而新媒介则利用多媒体技术，将以往旧媒介的几乎所有功能整合进一个系统中，对声音、影像、文字和数据等进行数字化处理、存储和传输。这种整合并不意味着新媒介将马上把传统媒介挤出历史舞台，可能是新旧媒介的一次划时代的联姻。事实上，传统媒介为迎接互联网的挑战，纷纷加入其中，而新媒介也需要传统媒介公信力的支持。马歇尔·麦克卢汉为此引入了"混合能量"的概念，即"媒介的交叉或混合，如同分裂或熔合一样，能释放出新的巨大能量"。现在，新媒介与传统媒介就正处在这种"熔合"的过程中。可见，新媒介时代应该是各种媒介大融合、大繁荣的时代。

(三) 参与方式上的高互动性

所谓"互动性",是指运用新媒介,信息的传播者与受传者之间能够进行及时或实时的交流。传播者与接收者之间信息的交流具有双向性,且参与的个体在信息交流的过程中都拥有控制权。在传统媒介中,无论是最初的书籍还是声像并茂的传统电视节目,它们的传播者和接收者之间都有明确的定位。传播者是信息的发布者,接收者只能被动地接受,而且它们从排版到公布在大众的面前都需要经过很长的过程,内容也都是既定的,受众的可选择性不大。然而,新媒介的出现则大大改变了这种状况。在新媒介面前,信息的传播者与接收者之间的界限逐渐模糊、淡化,只要具备相关的新媒介设备,接收者就可以获取自己感兴趣的内容,并及时发表相关的见解和评论,并且还有机会与传播者进行直接的信息交流和沟通。

就互联网而言,它有两层含义:第一,传播者几乎在发出信息的同时可以得到反馈,而且受传者的主动权增加,不但可以主动选择所需信息,还可以就接收到的信息发表自己的评论和意见。第二,传播者与受传者的身份可以随时互换。任何一个上网者都可以随时在网上发布信息、改写信息和接收信息。我们知道,传统媒介的信息流通过程在本质上是一个单向流动的过程。这种单向性的流动,并不是说传统媒介的大众传播没有任何的互动机制,而是这种互动较少。例如,受传者可通过来信、来电和发传真等形式对媒介信息进行反馈,但这种反馈大多是事后的,缺乏实时的交互。与此相比,网络媒介从根本上改变了这种单向传播的态势。它还可以根据传受双方的需要,在文本、音频之间任意转换或兼而有之。随着网络和移动通信设备等的普及、融合,以及使用成本的大大降低,社会大众在当前的新媒介环境下享有绝对的主动权,不仅可以随意决定接收信息的时间、内容和方式,还可以随时随地地发表自己的见解,甚至可以根据自己的意愿发布信息,成为信息的传播者,彻底打破传统媒介中传播者与接收者之间界限分明的状况。信息的传播者与接收者在信息交流上呈现出明显的双向性,且参与的个体在信息交流的过程中都充分享有控制权,这一特点是新媒介与生俱来的特点,因而是新媒介的本质特点。

(四) 信息内容以及传播方式的多元化

多元化是指任何在某种程度上相似但有所不同的元素的组合,因此新媒介的多元化指的是新媒介传播信息内容本身的多元化,以及传播方式的个性化和可选择性。

(1) 从信息的内容上看,由于数字技术的广泛应用,文字、图像和声音等内容都可以进行便捷的传播,因此目前通过手机、网络等传播的信息形式丰富多彩,不仅有文字、画面信息,还有声音、图像信息等;新媒介所具有的交互性,也使得新媒介环境中存在各种合法的信息、非法的信息和民间流传的中性信息等。

新媒介所传播的信息本身也呈现多元性。例如,常见的新闻、影视作品、文字作品、学术专著、个人言论、时政信息、商业信息和工作、生活及娱乐信息等。随着科学技术的不断进步,手机和网络的功能得到不断的开发和拓展,各式各样的信息都可以通过新媒介进行多元化的传送,其形式更是变得越来越复杂和多样。

(2) 从信息的传播途径和形式上看,随着手机硬件技术的不断升级和网络服务器技术的高速发展,新媒介的信息存储能力大大增强,各种接收和发布信息的软件、设备层出不穷,信息的传播形式不断增多,新媒介给人们提供了个性化和可选择的服务。传统的大众媒介进行的是点对面的传播,在这个过程中,传播者作为"把关人"处于控制地位,而受众很少有主动选择的余地,受众的个性化需求受到了相当程度的限制。长久以来,受众习惯于被动地接收信息,在传播活动中处于弱势地位。而数字互动媒介使"点对点""一对一"的传播成为可能,这样就可以根据个体的个别需求提供相关的信息和服务。更为重要的是，在新媒介中，信息的获取者不是被动地接收信息，而是主动地发现信息、选择信息和处理信息，这就使得传者和受者之间的关系发生了根本性的变化，受众的主体性和可选择性得以增强。

（五）使用方式的多样性

互联网上的信息并不只局限于从某个固定的终端发送、接收、浏览和保存。如果需要的话，我们几乎可以在任何一台计算机上打开自己的电子信箱并下载文件。随着无线连接技术的发展，我们已经能够做到随时随地上网。无线性是新媒介发展的趋势，追求最大自由的人类不愿受"线"的限制，希望可以不受时空限制地来接收和发送信息。如今，各种通信信号遍布空气之中，而手机、无线网卡就是连接这些信号的移动性媒介。无论我们身处何地，仿佛总是有无数信息围绕在我们身旁。事实上，新媒介的这一特征在手机中表现得最为明显。由于手机以口语或短信的方式进行交流并有携带便捷的优势，它已经迅速地成为人们在移动中进行信息交流的主要工具。可以说，媒介的可移动性和便捷性已经成为信息时代的一个象征。

（六）信息传达的即时性

即时性是新媒介的显著特点，它是指某个信息一旦进入新媒介大环境，身在其中的人们就可以迅速地获取到该信息。在传统媒介的使用过程中，基于信息传播者与信息接收者之间的明显界限，任何信息的发布都需要相关部门和一些环节的筛选，因而信息传播的即时性很难实现，甚至有很多信息可能因为各种原因无法顺利呈现。

新媒介的出现大大改善了这一状况，数字化技术简化了信息的传递方式，无论在哪个网站阅读信息，人们都可以看到丰富的相关信息的链接，其中包括了与事件相关的图片、视频等音像资料；另外，还可以检索到事件的背景信息、事件的跟踪报道、相关专家的评价，以及众多网友的意见等。与此同时，由于新媒介是连接全球电脑、手机等终端和通信卫星系统，从而实现的信息全球化传递，因而打破了传统媒介信息传递在地理和时间方面的限制。基于新媒介的交互性，大众只要有相应的终端设备，在地球的任何角落都可以接收和发送信息，完全消除了交流双方之间在空间上的间隔。这使信息的交互传播突破了信息传播的时空限制，实现了信息的即时传递。这一特点是传统媒介无法比拟的，因而是新媒介的显著特点。

四、新媒介对社会的影响

由于传播优势和强大的功能，新媒介迅速改变了社会环境，对社会的政治、经济、文化和生活产生了巨大的影响。

政治上，新媒介改变了人们参与政治的模式，如微博、微信等新媒介技术搭建了普通老百姓参与政治的平台。2013年6月25日，中国社会科学院新闻与传播研究所、社会科学文献出版社在北京联合发布了新媒介蓝皮书《中国新媒介发展报告（2013）》，显示新媒介是最为主要的反腐倡廉事件的首次曝光媒介类型。

经济上，新媒介带来了商机无限的新媒介市场。和新媒介有关的IT公司早就在股市上扮演着重要的角色，未来的新媒介技术也吸引了无数资金。IPTV、手机电视、移动终端和大数据都不断延伸出新的产业类型，使整个产业链拥有广阔的市场前景和市场空间。

文化上，新媒介促使文化产业日益流行化和娱乐化。新媒介的自由度、互动性及参与交流的广泛性为文化产业的发展注入了新的活力。新媒介传播的即时性、无限性和伴随性可以让人们很方便地实现多层次、多类型的个人体验，从心理上和行为上深刻影响用户，继而对整个文化产业带来变革。

作为本书的关注重点,我们主要探讨新媒介对于中学生和大学生等青少年人群带来的影响。其中,既包括心理和行为模式等多个层面的改变,也包括正面和负面的效应。

新媒介为中学生包括以下三方面的人格发展带来一定的正能量。

(1) 平等交流与主动参与的传播模式可以让青少年成为传播主题,提高他们的思维活跃度和自主创新性。新媒介平台上传播者和受传者互为传播的主体,共同享有根据自己的需要选择信息的自由和发表意见的权利。对于逆反灌输式教育的青少年来说,这种平等性大大提高了他们的学习的兴趣。很多学生主动参与交流,还会自己设置议题,甚至集合群体力量开展集体行动。博客、微博和个人空间在中学生和大学生中非常流行,正式基于这种心理。

(2) 新媒介的实时性和开放性让青少年能够更真实地展示个性,拥有更健全的人格。在新媒介环境下,新闻内容可以在第一时间以第一速度呈现,这种即时客观的特点拉近了受众与事件的"距离"。

(3) 网络的跨时空性和虚拟性对于处在人格养成期的中学生和大学生形成强烈的吸引力。这些因素都让中学生和大学生消除了心理互动的障碍,更积极地发表意见,展示个性。

不可避免地,在给生活带来方便的同时,对于世界观还不够成熟的中学生和大学生来说,新媒介的使用也带来了不少消极的后果。具体表现为以下两点。

(1) 情感迷失和人际冷漠。新媒介环境下的虚拟社会的交流,虽然有安全、隐匿的优点,但却和现实生活中的面对面交往有所不同。对于处于青春期的中学生和大学生来说,长时间习惯了新媒介带来的交流方式,在现实社会中反而会不适应,表现出厌倦和冷漠的抵触心理。比如,在青年中很流行的"宅男宅女"现象,就反映了很多中学生和大学生情感的迷失和对社会交往的淡漠。长此以往,就会造成他们与社会生活脱节,甚至出现人际交往的障碍。

（2）思维简化和自我放纵。新媒介环境下的海量信息更新速度极快，诱使思维活跃的青少年习惯于免费的信息"快餐"。这种浅阅读行为会使很多人不求甚解、思维简化、创造力薄弱，人的主体意识变得模糊，容易形成"平面人格"。同时，大学生往往心智不太成熟，自制力不强，如果经常接触不良信息，很容易放纵自己的情绪，使自己沉迷于其中而不能自拔，进而行为失控。例如，困扰很多青少年的网瘾就是其中的典型表现。另外，在青少年群体中，还会有一些不正确的价值观在新媒介环境下不断被复制和放大，在没有把关和引导的时候极具"传染性"，如类似网络炫富、炫美、渴望一夜成名等不健康的观念，反而容易受到大学生的热捧。

新媒介的"双刃剑"效应已经吸引了越来越多的学者对其进行研究。如何加强媒介德育，增强全社会的媒介素养，共同放大新媒介的正能量，同时把它的负作用降到最低，以便更好地迎接不可避免的新媒介时代，值得我们深思。

第二章 新媒介环境下高校思想政治教育出现的新变化

思想政治教育是培养思想政治素质的重要途径,政治思想素质是国民素质的重要组成部分。大学生是祖国未来的希望,肩负着实现伟大复兴的中国梦的重任。作为建设社会主义的主力军,培养高素质的优秀人才势在必行。要发挥思想政治教育对提升大学生综合素质的重要功能,培养出一批有知识、有文化、有道德和有理想的社会主义接班人。网络与新媒介的出现要求高校能够积极应变,适应信息化时代下高校思想政治教育出现的新变化,把握新特点,探索新规律,继续发扬党和政府高度重视大学生思想政治教育的优良历史传统和政治优势。

一、新媒介环境下高校思想政治教育内容的丰富

构建大学生思想政治教育内容体系要坚持导向性、科学性、系统性和时代性原则。其中,时代性原则要求我们不能以不变应万变,对整个大学生群体的思想政治教育的内容不能一概而论,对大学生群体缺乏重点和针对性教育,对于不同的时期缺乏应变;相反,要敢于把握时代脉搏,不断给大学生思想政治教育注入新的精神源泉,赋予最新的时代特征、时代内容,保证其充满生机与活力。高校思想政治教育总体上以道德教育、心理指导、爱国主义教育、理性信念教育等为主。随着时代的发展,思想政治教育的内容不断扩充与丰富,使传统的思想政治教育更为系统和完整、更

加科学地指导大学生。有学者将新时代背景下网络思想政治教育的内容概括为：科学的世界观、人生观、价值观教育；科学发展观与"和谐"思想教育；马克思主义唯物论、无神论和科学精神教育；创新精神、艰苦奋斗精神教育等。❶

内容必须通过载体才能得以传达，而载体的多样性能实现内容传达的多样性、准确性和丰富性。载体的优势使内容承载量大增，师生信息的获取量也更为广泛，不只使众多内容传递变得简洁、易操作，还拓展了多种传播渠道，教育实效性增强。新媒介的出现使得高校的思想政治教育新增活力，内容更加丰富多彩，主要表现在以下几个方面。

（一）新媒介促进了教师传播信息的丰富性

传统的思想政治教育多以主题班会、校内出版物、校园广播、谈心等形式进行，容易受到时间、地点和内容的限制，必须有计划性。例如，一次班会的开展，需事先确定主题、搜集和整理资料、布置教室、确定时长、协调参与者的时间等。主题内容需要既集中又有限，并尽量做到知识性和趣味性相结合，空洞的说教和演讲容易使学生降低兴致、缺乏互动，很难达到既定的传播效果。

新媒介的应用使班主任、辅导员的思想政治教育更加灵活多样，得心应手。手机短信、电子邮件、QQ和微信等即时通信工具、微博和论坛等都成为老师们思想政治教育的广阔阵地，使这些新媒介带来的优势得以充分发挥。涵盖了文字、图像、音乐和视频等形态的新媒介，使思想政治教育不再拘泥于黑板上的文字和口头传达。凭借网络，老师们能在海量的信息中便捷、及时地获取资料，这种可获得性极大充实了思政教育的内容，使得思想政治教育真正丰富起来。以开展集信息、教育、管理和服务为一体的博客为例，通过这一形式，学生可以随时随地通过浏览网页的形式获取

---

❶ 方文,黄荣华.网络环境下高校思想政治教育研究[M].北京:中国水利水电出版社,2013.

内容。博客内容更新快，涉及面广，通过超链接可进一步进行相关阅读，留言讨论的形式也利于学生思想的交流与碰撞。这种及时、动态的传播无疑提高了传播效率，丰富了传播内容。

（二）新媒介促进了学生接受知识的丰富性

在《新媒介：大学生思想政治教育的有效途径》一文中这样论述，"新媒介具有信息量大、时效性强和易于接受等特点，它使大学生接触的信息面更加广泛，可以让他们接触到更多不同的流派和不同的观点，这就开阔了他们的视野，丰富了他们的阅历，拓展了他们的思维空间。"大学生不但可以接受辅导员的信息，并给予及时反馈，使交流更加深入，挖掘新的交流空间，也可发挥自主性特征，通过新媒介查阅和解读从而认知思想政治教育。海量的信息使学生相关信息的可获得性几乎不受限制，多种形式的新媒介更是拓宽了信息获得的渠道，这极大调动了学生对思政教育的兴趣，从而使其发挥主动性，获知新内容。网络的信息资源十分丰富，大学生能够在高校建立的局域网中享受到这种资源优势，如校园网、电子报刊、校园论坛、开放实验室和校园公开课等，创造了众多学习资源与沟通交流的机会，大大增加了获取知识、接受知识的机会。

同时，网络的匿名性使学生更容易在隐蔽的媒介环境中接受思想政治教育，避免现实交流带来的限制和障碍，从而获取更多的内容，更好地了解和传承中国的传统文化，学习马克思主义理论，增长思想政治方面的知识。但另一方面，网络信息是庞杂的、多元的，内容质量良莠不齐，不乏西方文化势力的渗透、信息霸权致使大学生价值观的混乱，漠视现实原则与道德规范；同时也存在使学生沉溺网络，引发心理问题的弊端。新媒介创造了与教师沟通的便利条件，使思想政治教育更为日常化，但也给予了大学生足够的自由，近距离接触各种信息。缺乏把关的内容容易致使大学生价值观迷失，甚至做出错误行为。教师要重视思想政治教育这一隐形载体,"它以内隐、非强迫性的方式通过学生无意识、非特定的心理反应机制,将有关道德观、价值观和政治意识等方面的知识、观点和经验渗透给学生,从而影响学生的人生观、价值观等精神世界。可以说,它对学生的影响和作用是不知不觉、潜移默化的。"❶ 应利用网络丰富的信息资源引导大学生关注积极向上的信息知识,及时发现学生思想和行为上的不良动向,并予以引导和纠正,在新媒介带来信息优势的同时规避由于资源丰富多样而导致的弊端,发挥新媒介对大学生成长、成才的积极促进作用。

(三) 师生通过媒介互动促进了思政内容的丰富。

新媒介更快被人们广泛接受和应用的原因之一就是它实现了及时、互动的交流,满足了人们的社交欲望,而思政教育也同样受益。微博留言、日志发表、转发、评论和QQ签名等,无不彰显每个学生的个性、思考和价值观,突出了个人意志,包括老师在内的班级群聊,充分赋予了表达权,这种虚拟的类似于小型班会的讨论进一步拉近了师生距离,使其交谈更加深入和真实。

大学生正处于求知欲和自我意识越来越强的年龄阶段,他们渴望汲取新知识,探索新事物,并且关注社会热点,积极发声,展示个性,但又由于太过理想化、社会经验不足等因素而出现偏激观点与行为。师生间的频繁沟通与交流,有利于教师及时发现大学生认知方式的缺陷,引导其深刻认识问题、分析问题,树立正确的判断价值标准。个性签名、朋友圈动态、微博内容都可以成为老师了解和关注学生的平台,进而对大学生日常生活出现的苦闷、不解和困惑给予关怀和疏导。通过双方的沟通,使教师更容易获知更多信息并对学生进行引导与帮助。学生利用新媒介表达声音,展现自我,往往能在朋友圈得到很多回应,引发更多的声音,这样也使老师能更加便捷地获取更多信息,从整体上把握当代大学生的思想状况与面临

---

❶ 胡哲锋. 试论高校思想政治工作中的隐形教育载体 [J]. 高教研究,2003,(2).

的现实问题，从而能够正确地认识大学生，促进其健康成长。

二、新媒介环境下高校思想政治教育载体的变革

2004年10月15日，为深入贯彻党的十六大精神，提高大学生的思想政治素质，促进大学生的全面发展，国务院发布了《关于进一步加强和改进大学生思想政治教育的意见》一文。文中提出了大学生思想政治教育的有效途径，这也是传统思想政治教育的载体和手段。为了进一步加强大学生思想政治教育的实效性，高校一定要重视思想政治教育，完善育人机制，促进大学生的全面发展。在新时代下，高校要与时俱进，主动占领网络思想政治教育的新阵地。

（一）新媒介与课堂教学的结合

高等学校思想政治理论课是大学生思想政治教育的主渠道，承担着对大学生进行系统的马克思主义教育的主任务。作为大学生的必修课，它是帮助大学生树立正确的世界观、人生观和价值观的重要途径，体现了社会主义大学的本质要求。

思想政治教育一直是培养当代大学生成为社会主义事业接班人和建设者的重要内容。高校课堂的思想政治理论课是大学生思想政治教育的主渠道，它及时传播先进的马克思主义中国化的最新成果，促进大学生成为社会主义核心价值观的有力践行者和实现中国梦的坚实后盾。学校要紧密结合国际和国内形势变化和学生关注的热点、难点问题，使形势政策教育成为思想政治教育的重要内容和途径。哲学社会科学中的绝大部分学科都具有鲜明的意识形态属性，对于帮助大学生坚定正确的政治方向，正确认识和分析复杂的社会现象，提高思想道德修养和精神境界具有十分重要的作用，因此高等学校哲学社会科学课程负有思想政治教育的重要职责。教师要以身作则、言传身教，充分发挥育人功能。随着新媒介时代的到来，众

多高校也都不断调整教学模式，使课堂教学变得丰富多样，融知识性和趣味性为一体，这是为提高大学生思想政治教育理论实效性而从时代性方面做出的努力。

　　思想政治教育课堂与新媒介的结合可以从教学内容、教学方法和教育手段等方面体现。❶ 新媒介已经融入了当代大学生的学习和生活中，学生的学习方式、思维方式也在慢慢发生变化。空洞的课堂教学在说服和影响学生行动上变得无力。面对丰富多变的教学内容，教师要善于运用新媒介优势，及时获取最新的理论知识，把理论教学与实际案例相结合，传递新知识，激发学生学习的兴趣与热情，引导大学生主动运用新媒介搜集、整理相关材料，鼓励其独立思考、深入实践，敢于发表新观点。在这个过程中，教师要给予学生正确的解读与引导，提高思想政治教育的趣味性和感染力。在与同学分享、传递知识的时候，可借助新媒体平台，如微信、邮件和微博等，将课堂知识日常化，拉近沟通距离，实现课上与课下交流的互动。平等对话的构建、相对轻松的话语环境和声像并俱的传播载体使得师生关系更为紧密与和谐。双方积极性的调动能够更有效地实现传播效果，使学生真正理解思想政治教育理论的内涵。教师除了课堂上丰富教学内容、课后平等对话拉近师生关系，还要加强教育手段的变化。这些举措和教育内容、教育方式相互融合、共同作用，主要包括三个方面：一是传统教学与现代教学相结合，如网络思想政治教育课程的运用；二是理论教学与实践教学的结合，如鼓励大学生积极参加社会实践和公益活动，建立实践实习基地；三是课堂教学与日常教学相结合，改变教师负责课堂、辅导员负责生活的模式，从时间和空间上保持思想政治教育的连续性、持久性和深入性。

---

❶ 张禧,毛平,尹媛媛. 大学生思想政治教育实效性探索[M].西安:西南交通大学出版社,2014.

(二) 新媒介与开展实践的结合

参加社会实践是加强大学生思想政治教育的重要组成部分，引导和促进大学生健康成长的重要途径。这对于关注社会现状，理论与实际相结合，培养奉献社会意识，树立正确世界观等有重要意义。大学生的实践形态是多种多样的，如社会调研、生产劳动、社会服务、学习参观和勤工俭学等。新媒体的多种形态模式，为大学生的实践活动注入了新的活力，提供了新的平台。2014年5月，海南大学经济与管理学院学生举行公益营销比赛，用"微营销"的方式帮助海南果农销售滞销芒果11000多斤，并将所筹善款捐给福利院儿童。大学生志愿者运用微博、微信进行推广和销售是对传统销售模式的一种创新。以微信为例，他们建立个人微信公共账号，发布相关产品的信息，将视频、图片和宣传文字等分享到朋友圈，形成便捷实用的宣传模式。二维码的扫描进一步添加了更多的学生，形成了潜在的消费群体，更好地运用了微信这一资源平台。

新媒介与大学生实践活动的结合形式多样，极大地丰富了大学生群体的实践形式。志愿者征集工作，运用网络的广泛性、及时性等特征迅速凝聚志愿者群体，通过微博账号、公众账号、建立QQ群等形式加强影响力，让热心公益、关心社会的大学生能够自愿组成团队，服务社会；寒暑假实习，运用网络优势，查询撰写文章中用到相关单位的资料与信息等，通过深入调查，将理论内容与实践所得相结合，撰写切实可行的实习报告；义务支教，运用新媒体将当地的现状进行及时而广泛的传播，借助于融文字、图片、声音为一体的新媒介平台，更加生动形象地帮助贫困地区展现现状，搭建沟通平台，让更学生参与进来，服务社会。大学生群体具有广泛的传播力量，这将形成良性循环，拉动更为广泛的学生群体甚至社会人士参与进来，传播正能量、服务社会。这也对大学生树立正确的个人价值观、实现个人价值与社会价值具有重要意义。

（三）新媒介与校园文化建设的结合

校园文化建设是高校思想政治教育的一个重要方面，可以表现为隐形的大学理念与精神，也可以是外在的校园环境与风貌。它为思想政治教育注入了新的精神动力，是高校思想政治教育的重要载体。"校园文化作为一种特有的文化传播形式，不仅在引领社会先进文化，弘扬主流意识形态，保证大学育人方向有重要作用，而且在运用多种文化资源，彰显多元文化亲和力，营造大学生的内心精神家园方面有比其他形式更易发挥出实效性的优势。"[1] 良好、和谐的校园文化利于建立师生积极上进、凝聚力十足的文化氛围，展现充满活力与创造力的精神风貌。新媒介平等、开放的特征融于校园文化，具有传播优势与感染力，可成为传统校园文化的继续延伸与有力补充，形成一种全新的网络校园文化。新媒介的气息增添了校园的科技气息与技术含量，有助于形成重要的媒介生态环境。大学生是新生事物的积极接受者和使用者，各类终端已经在校园广泛运用，成为获取各类信息的重要渠道，因此，新媒介环境下的校园文化建设势在必行。

在新的思想政治教育环境下，学校要掌控新媒体的主动权，趋利避害，营造良好的校园文化，形成师生合力创建的一种新型校园文化。发展优秀的校园文化要充分利用新媒介优势，创造良好的网络环境，加强对校园网络的管理，同时要规范学生网络行为，形成和谐健康的校园媒介环境。重视校园网络资源的建设，利用新媒介容量大、资源丰富的特性加强教育教学资源和文化活动建设，使大学生既能充分获取学习资源，又能丰富精神生活。充分利用校园网站为学生提供沟通平台，如校园网、学校论坛和班级网页等，这些都可以成为思想政治教育的载体。平等、开放的语境更利于进行价值观的引导与教育；班级群、微信导员博客、微博等都可以对学生进行正面教育，及时解疑答惑，帮助学生在学习和生活中解决问题，成

---

[1] 方文,黄荣华.网络环境下高校思想政治教育研究[M].北京:中国水利水电出版社,2013.

为实用的交流平台，提升学生的自主和独立意识；校报、校刊和校内广播的内容，都可以运用新媒介手段进行传播，电子报刊、校园广播公众号的设立可以扩大传播面，纠正错误观点与言论，弘扬主流价值观，吸引更多的大学生参与讨论，开阔视野，增添乐趣，树立乐观向上的学习与生活态度；新媒介在课堂或者课下的运用，能够补充传统灌输式的授课方式，自由、灵活、个性化的教学创新了校园文化传承方式；举行形式多样的校园网络文化活动，丰富大学生精神生活，引导其接受先进的文化知识，抵制不良思想的侵蚀；具有开放性、互动性的新媒介也能为高校间的交流和互动创设广阔平台，利于相互学习和借鉴，共同提升校园文化建设。

（四）新媒介与思政教育工作、心理健康教育的结合

促进大学生全面健康发展，一定要重视大学生心理健康教育，使其成为培养大学生思想道德素质和科学文化素质的重要补充，并帮助大学生形成良好的心理素质，正确处理个人、集体与社会的关系，加强思想政治教育的科学性和实效性。了解和掌握大学生的思想和心理行为，就是把心理健康教育融入思想政治教育过程中，把握学生心理活动规律，对大学生可能存在的思想意识与行为苗头提供及时指导，针对不同学生的心理问题进行及时干预与辅导。新媒介环境为大学生心理健康教育带来了发展机遇，提供了教育平台，提高了思想政治教育的工作质量。

传统的心理健康教育是以个体咨询或团队辅导的形式进行的，辅导环境相对固定，容易受时间和空间限制，且工作量大、相对烦琐，在某种程度上不能全部顾及存在心理健康问题的学生。新媒介的出现使大学生的心理健康咨询活动更加便捷，提高了心理健康教育的效率，与传统心理健康教育相互补充、相互促进，更好地服务学生，培养其健康的心理素质，有效地推进大学生心理健康教育工作的开展。

在新媒体环境下，大学生可获得更多和有效的信息获取方式，延伸了

大学生的认知感官，使其能在媒介技术的帮助下，扩大认知广度，加强认识深度，自主学习意识得到充分开发。学生可根据自身状况自主地查询资料、分析个人状况来寻求媒介帮助，也可探索外界世界，正确地把握客观世界来找准自身位置，解决个人的困惑。受传者平等传播理念的形成，能够满足大学生对于自由、平等和开放精神的追求，拓展其心灵空间与自主精神，增强大学生的心理健康教育的自主性，尤其在隐匿的环境中，能够使大学生更容易放下思想包袱，坦露个人想法与真实情感，利于教师掌握其心理健康状况此外，"一对一"的对话能够营造平等、互动的对话机制，不论是微信、短信、电子邮件，还是微博等都可成为交流载体，缓解当面交谈可能带来的尴尬局面，去除更多影响交流的障碍因素，使心理咨询活动变得切实可行、更具效率。

高校既要积极发挥新媒体对于大学生心理健康教育的巨大作用，又要防止其可能带来的负面影响。我国目前心理健康教育的主渠道仍然是课程教育、心理咨询与辅导，要融入新媒介的力量就要重视打造新媒介心理健康教育平台，如加强校园网对于心理健康教育的宣传，广泛告知学生关于心理健康教育的讲座、心理咨询活动等情况，在校园媒体中重视心理健康教育的相关知识，从而提升大学生自我心理健康意识，为学生自我学习与教育创造条件。此外，也要帮助学生远离不良的媒介消费行为，遵守网络道德，使新媒介为其所用，成为心理健康教育的有用工具从而发挥作用。

（五）新媒介与解决大学生实际问题的结合

解决大学生的实际问题一直是高校重视思想政治教育的优良传统和基本原则，空洞的说教并不是教育的本质，切实地解决问题才是最终目的。大学生处于世界观、人生观和价值观形成的关键时期。这一时期也是从青少年向成人转型的重要阶段，他们的成长中难免遇到各种矛盾与困惑，形成心理问题同时，客观上的经济问题也不容忽视，就业季更成为大学生压力的主要来源，社会环境、家庭环境和校园环境的复杂交织，学生的实际问题不容忽视。解决大学生的实际问题能为学生创造接受科学文化知识的良好条件，应排除不利因素，使学生以更积极的心态投入社会实践，减少因实际问题而引起的思想问题甚至错误行为。

从总体上看，大学生实际问题较为突出的表现是贫困生的经济问题、大学生的心理健康问题和毕业生的就业问题，而具体到每个学生则因人而异。为了了解大学生的实际问题，传统方法多采取问卷调查、走访和座谈等形式，了解大学生所反映出的热点、难点和疑点问题。此外，应建立高效的意见反馈机制，通过意见箱、校园热线等方式了解大学生的实际状况，以便解决实际问题。有些学校就业指导观念未能与时俱进，相对保守，就业渠道单一，不能为大学生就业提供广阔的平台。新媒体则能弥补这一不足，逐渐成为高校指导就业的得力平台，发挥其优势。新媒介的广泛使用大大丰富和补充了信息来源机制，在这个人人都有移动终端与客户端的校园内，新媒体使信息源的获取更加高效便捷，能更加广泛而准确地反映学生们的真实需求，增强与学生的紧密联系，在其成长遇到困难的时期及时给与帮助予指导。

大学生就业既是社会问题，也是摆在学生面前最实际和最迫切的问题，尤其是近几年就业形势严峻，学生除加强自身过硬的本领外，学校也要做好大学生就业的指导工作，帮助大学生树立科学的择业观，培养良好的职业道德素质。毕业实习阶段，网络与新媒介的运用，大大展示了突破时空性的优势，使奔波于各地的实习生能够通过群消息、校园就业信息网获知市场人才的状况，师生间的交流使就业信息与政策的推送更加便捷，汇报实习进展更加省时省力，师生们的在线交流能够获知更多的实习机会、交流实习心得及，并及时解决遇到的困扰与难题，培养大学生用正确的观点认识社会，理性看待各种社会现象，并帮助他们树立正确的成才观和择业观。在新媒介环境下，如何让媒体助力大学生就业，其方法在《全媒体环境下传媒如何助力大学生就业》❶中提出三点：第一，整合优势资源，发挥媒体信息平台的优势，即重视广播、电视和报纸尤其是网络在就业价值观念的指导作用，积极打造大学生就业平台。第二，建立媒体服务平台，发挥线下实用功能，即一方面，媒体利用网络、手机客户端等提供丰富的就业资源；另一方面，建立起媒体服务平台，实现"点对点"式的沟通，让大学生能够根据自身的特色进行选择。第三，构建就业网络，打造"媒体—就业"的一体化体系，即媒体要建立就业网络化体系，形成网络化体系的校园系统，为高校大学生开拓出新的就业渠道。

三、新媒介环境下高校思想政治教育的客体特点变化

在教育学中，教育的主客体关系一直被作为研究对象，并不断形成一些观点，如"教师主体观""学生主体观""双交往主体观"等。主体和客体是相对而言的，从哲学中认识论的角度看，主体和客体是认识和实践关系的两个基本构成要素。主体指认识活动行为者本身，客体指实践认识的对象、事物及人。在过去的思想政治教育实践中，老师和辅导员一般处于主动地位，学生是思想政治教育的客体，教育者通过一定的教育形式将内容传输给学生，以期达到良好的教育效果。

学生作为客体，也存在主体性，首先了解传统思政教育中学生的主体性表现。在《浅析教育的双主体性特征》❷一文中，作者顾建军提出学生的主体性主要表现在以下几方面。

（1）学生对教师的主体性作用、属性和功能进行主体性的选择。学生可以通过对老师的态度，排斥或喜爱上课状态，或聚精会神或消极应付等来凸显自己的主体性。

（2）学生对教师的主体性作用信息的破译与转化；真正掌握老师所传

---

❶ 孙秀宇. 全媒体环境下传媒如何助力大学生就业[J]. 新闻战线，2014(11).
❷ 顾建军. 浅析教育的双主体性特征[J]. 教育科学，2000(1).

达的知识需要学生运用原有的知识体系和认知结构对教育指令信息中不熟悉的内容破译，最终消化和吸收，这些需要学生将原有的知识体系和认知结构打通、融合，最终形成新的认知体系。

（3）学生对教师的主体性作用的借鉴、创造与超越。对教师的教育信息和教育指令，主体性发挥得好的学生会由此产生一定的联想和创造，并从教师的主体性作用的信息和方式中获取操作悟性，进而对教师的信息与指令产生批判性的、创造性的、发展性的以至超越性的能动反映方式，通过自己对某个知识疑问的产生，对某个问题新的想法的形成，对某个作业新的思路的提出表现出来。

在新媒介环境下，将微博、博客、短信和论坛等各种形式的媒介手段应用到高校的思想政治教育中，学生的主体性特征也会相应发生变化。

教师的主体性作用、属性和功能逐渐淡化，学生将更多注意力集中到新媒介的主体性选择。由于新媒介在思想政治教育中的应用日益广泛，学生更加依赖新媒介的接触和应用。他们将对于课堂上老师的情感更多转移到网络中，陈旧和呆板的课堂形式让位于生动形象的集声音、图片和文字于一体的新媒介。丰富的信息量给学生提供了更多的选择空间，不同渠道的知识获取更加便捷、自由。在大学生的好奇心的促使下，学生的主体意识增强，积极性调动起来，不再拘泥于课堂上教师的教学质量、班级氛围、自我表现等约束，以更加宽阔的心境和更强的动力去汲取知识。

学生对信息的破译和转化更加全面和真实，且更具时效性。依托于新媒介海量信息的优势，老师的教育信息可以作为信息点成为了解信息内容的一个开始。由于课堂形式的限制，内容的有限性难免对学生更加深入、全面地掌握产生限制，加上原有知识体系的不牢固性等，容易使教学效果打折扣。学生如不及时梳理，便会造成认知上的困惑，甚至打消其学习的积极性。"百度一下，你就知道"很明显地展示了新媒介的优势，信息的转化和破译变得轻而易举，教师的课堂内容可以轻松地在网络中找到理论和案例支撑。不论是课堂重点还是有感而发的话语，或是感兴趣却没着重谈到的知识点，都可以在学生的自主学习中成为重点。便捷的新媒介只要学生愿意作为学习工具，完全可以成为他们拓宽知识面，使见识更加丰富的利器。

学生对于教师主体性作用的借鉴、创造和超越变为可能。我们知道，传统的教育者不但具有丰富的教学经验，还具备丰富、扎实的理论知识的优势。课堂教学也是教育者展现教育成果的一部分，是他们多年知识累积、精心备课的结果。"由于教育者对于传统媒体占有较多，可以及时地把握社会政治、经济和文化动态，并将之与思想理论教育相结合，使教育的形式更加丰富，内容更加充实。传统的思想政治教育是建立在教育主体和教育客体信息不对称的基础之上的。"[1] 而新媒体的出现确实对于教师在信息方面的优势发出挑战，任何一个教育者的知识体系都不可能超越庞大的网络所能涵盖的内容，而学生却可以毫无障碍地去浏览、汲取里面的知识。作为新媒介的主力军，学生们的记忆力、想象力和创造力处于活跃期。他们对于新事物会更加敏感和好奇，通过自主学习，无疑会改变知识匮乏、信息劣势的地位。获得信息主动权的大学生们使知识的积累、深化和再创造也变成为可能。

四、新媒介环境下高校思想政治教育的主体特点变化

高校思想政治教育的主体为老师，他们随着新媒介的出现不断地探索新的工作方式，以更高效的方式达到思想政治教育的目的。这是新时代提出的客观要求，也是做好本职工作的客观要求。在传统的思想政治教育中，教师是教育活动的设计者、组织者和传达者，处于主导地位。在整个思想政治教育的过程中，教师有明确的教育目标、恰当的教育方法、充分的教

---

[1] 史江英.新媒体时代大学生思想政治教育实效性探析[J].新教育时代电子杂志,2016(2).

育内容，并运用各种教育资源，调动学生们的积极性，使其参与到教育过程中，实现教育目标。当然，老师的引导和观察也十分重要。在传授知识的过程中，教师根据学生的反应、提问和任务完成情况等评估教学质量，找到学生的困惑和难点进行针对性解说，培养学生的学习兴趣，这些都是教师发挥主体性的表现。"在教育活动中，教师既要把教材、教法、教育环境、教育因素作为自己的认识客体，又要把具主体性的学生主体性的发挥状况、主体性的发展程度作为自己的认识客体；既要在教育内容的传授中突出自己的主体性，又要在教育对象的主体性开发与培养中表现出自己的主体性，从而充分表现出教师这一教育实践主体的主体性特征。"（《浅析教育的双主体性特征》）

由于新媒介在高校的迅速普及，使得思想政治教育工作的实现途径获得了物质技术支撑，不但颠覆了传统课堂的传授模式，还形成了新式师生共享式的教育活动，而教师作为原本的教育主体也悄然发生着一些新变化，转换着教育理念，适应着新技术带来的新要求。

（一）掌握新媒介在思想政治教育的应用成为客观要求

以手机和网络为代表的新媒介日益成为大学生获取信息的重要来源，而对于志气昂扬、充满好奇和渴望成功的大学生而言，对于海量信息的甄别、选择和把关变得尤为重要，鱼龙混杂的信息可能影响学生正确的价值判断和实际行为，这就要求教师要通过学生经常发布信息的渠道来观察学生的思想动态，给予及时的引导，从而使学生少走弯路。例如，通过学生的微博、日志和个性签名等及时了解学生的最新困惑和想法；通过及时的谈话，解除学生的疑虑，引导他们健康成长。

大学生群体是使用新媒介最广泛的一个群体，他们善于适应和应用新事物，并较为合理地去丰富自己的生活，正确发挥新媒介的作用，如交往功能。大学生通过加好友、加关注、发布微博、发朋友圈、评论、点赞等方式来实现人际交往的目的。仅仅通过短信慰问的方式显得不够入流，也不能做到及时互动，因此很快众多的大学生便成为微信、QQ和微博必不可少的庞大群体。这些群体成员相互关注、互动频率高，是新媒体使用者中的积极分子。教师从帮助大学生处理好学习成长、交友就业、健康生活等方面的工作职责来看，是有义务去密切关注大学生的思想和行为动态的。辅导员是从事思想政治教育的专门队伍，要想真正地把工作落到实处，一定要能够灵活掌握和应用新媒介进行思想政治教育，让早已适应了通过新媒介接受知识的大学生更加认同这份付出。辅导员融入新媒介的使用，和大学生进行在线沟通、日志转发和微博留言，可以避免课堂教学中缺乏互动、容易冷场的尴尬。其实，这也是一种"以人文本，以学生为本"的教育理念，是对辅导员工作的激励与挑战。

（二）将传统思政教育渠道与新媒介思政教育渠道相结合

新媒介丰富和发展了传统形式的思想政治教育，拓宽了思政教育工作的阵地，但并不能完全取代传统课堂这一主渠道，要把两者结合起来达到更好的教育目的。

新媒介信息量大、涉及面广、传播快捷及时的优势克服了时间、空间和内容上的限制，使学生学习资料的来源不再只是教师课件、纸质课本上相对固定的内容。它大大丰富和充实了思想政治教育的资源，打破了传统思想政治教育相对固定、传播面窄和影响力小的局限，大大增加了封闭式的课堂教学的活力。

但这种虚拟的传播也存在缺陷，宋红岩在《媒介嬗变与高校思想政治工作新走向》一文中谈到，新媒介容易造成师生情感的疏离，新媒介的对话模式打破了师生双主体性的共时性，呈现出多范式的话语。"师生之间大多仅仅是依靠信息符号与图像进行交流和互换，缺少面对面的内心情感体验和互动，剥离了以往教育者情感的熏陶、超凡的人格魅力、亲和的工作手法、强大的师德风范等个人人格教化作用,在一定程度上割裂了师生之间的亲密感和信任感"。依托于网络的新媒介思想政治教育是物理上思想政治教育的延伸和扩展,并不是取代与替换,两者可以同时应用于思想政治教育,将新媒体传播的优势与传统的教育、交流方式相结合,相得益彰,实现良好的思想政治教育目标。

(三) 民主对话逐渐成为新媒介思想政治教育的工作理念

新媒介改变了传统媒介单向线性的传播流向,不再是自上而下的层级式传播。借助于新媒介平台,每个人都有话语权,可以自由接受、发布和传播信息,可以实现所有人面向所有人的传播。"对于何时、为何和与何人交换何种信息,用户们能进行非中心化的、分散的和直接的控制。"(《新媒介环境下高校辅导员的五种能力》)这种主体的泛化,可以消解权威,消解原本处于传播主体的优势地位,从而使每个人都成为话语主体,这也不得不促使辅导员们重新审视新媒介背景下如何进行教育信息传播,以及用什么姿态进行传播。其实,民主对话已经成为必须,这不但是新媒介瓦解中心话语权的客观结果,也是辅导员做好本职工作、寻求思政教育实效性的必然要求,更是一种以学生为本的人性化教育理念的闪耀。

主题班会上,辅导员们通常以说教传达某种价值理念,告知学生是非对错,该怎么做不该怎么做,以及为什么这么做。晓之以理,动之以情当然是好,若一直站在传播链条的顶端,以传播主体的身份单纯空洞地说教,肯定或否定某种行为、批判某些思想和价值观,就会造成学生的不解,甚至反感。这种缺乏互动式的自上而下的传播模式,缺乏及时和大量的反馈。个别的反馈并不能从整体和具体两方面把握学生的思想政治状况,这就造成辅导员工作难度加大,如频繁找人谈心,多次召开班会。然而辅导员有限的精力也难免影响工作质量,这种每个人都能和辅导员面对面平等交流的愿望也有些不切实际。新媒介的出现,让辅导员可以在线办公、移动办公,且完全可以点对点和点对面地进行传播。传播形式的多样性也使表达更加风趣和逼真。一个QQ表情、一封电子邮件和一个简短视频都可以成为交流情感的载体,彼此交换心声,撞击出思想的火花。这使得每个学生都有机会和辅导员进行及时沟通交流,共享信息,高效互动。频繁互动和无中心化的交流无疑更容易拉近与学生的距离,凝聚师生情感,培养对老师工作的认同感。网络的隐匿性也更容易使学生排除外界干扰,透漏内心的真实想法,敞开心扉与辅导员坦诚交流。这也使辅导员能真正地去了解每个学生的特点和多元的价值观,从而有的放矢地引导学生正确树立人生观、价值观和世界观,在成长道路上健康茁壮成长,快乐自信地汲取知识。

(四)搭建民主交流的平台,加强民主对话势在必行

在"网络民主"浪潮的裹挟下,"堵""管""控"等常规手段在网络背景下面临失效甚至失控的危险;反之,"网络问政渠道畅通,不仅能更好地了解师生诉求,化解校园矛盾,还可以汇聚师生智慧,成为学校与师生沟通的桥梁,为学生民主参与提供实验场。"(《新媒体背景下大学生思想政治教育工作的创新思考》)平等和自由的对话是对学生的尊重,是实事求是工作原则的表现,也是新媒介环境下学校和辅导员勇于挑战和承担的一种新式工作理念。

五、新媒介环境下高校思想政治教育双主体性特点

(一)教育的"双主体性"学说

"主体"一词带有哲学色彩,从社会实践的角度看,主体就是在社会关系中从事社会实践的人,并且强调人们在认识世界和改造世界过程中发挥

的积极性、能动性和创造性。在过去的思想政治教育中,过分强调老师在教学过程中的主体作用,学生充当老师加工和塑造的对象,是教学的客体。教育的"双主体性"学说认为,在教学过程中,老师和学生都可以是主体;教学过程是师生双方共同活动的过程;教育过程也是包含老师在内的学习过程。另外一种理解是,"教学是教与学矛盾运动的过程,随着教学活动的变化,矛盾的主体方面也会发生变化。在教的过程中以教师为主,教师是活动的主体,学生是活动的客体;在学的过程中,以学为主,学生是主体,教师是客体。"(《刍议教育双主体的合理性》)这里都强调了老师和学生均是具有主体性的人,他们相互依赖,充分发挥各自的主动性,使教学相长,形成思想政治教育中统一而不可割裂的整体,这是对以往标签式主客体关系争论的一个突破。立足于双主体性的教学,能够使老师和学生双方都得到重视,突出两者的主体意识、创造精神和能动性。这是现代思想教育发展的必然结果,也是人们对传统教育的反思、修正和升华。

(二) 新媒介环境下"双主体性"的凸显

新媒介为师生搭建了平等的话语平台,使平等自由的交流成为可能。

课堂教学是思想政治教育的主渠道,教师在课堂上拥有制度化的权利和信息资源,是课堂上话语权的主导者。教师往往采用摆事实、讲道理的方法启发与引导学生,提高其政治思想认知水平。由于课堂时间的有限性,教师不能实现每个学生"一对一"的对话,无法顾全所有学生。更多的学生则是作为"一对多"的告知对象,并且学生们的反馈不够全面和及时,容易扼制思想的激发和情感的交流,从而使大部分学生沦为不对等的信息接收方,积极性受挫,进而使课堂教育停留在语意层面,阻碍了课堂的实效性的实现,未能形成良好的教育效果。以学生广为应用的新媒介之一、沟通工具QQ客户端为例,师生双方只需通过双方添加好友即可实现网上即时通信，使师生间的思想交流更为便捷和可行。不论是探讨德育内容的开展，还是思想认识上的困惑，都可通过相互交流与思想碰撞逐渐形成某种认识，达成共识。这是以一种潜移默化的力量，减少了学生对教师课堂上刻意灌输某种观点的排斥感。这种自愿的交流与认同，使说服变得更为自然有力，思想内容更为深入，从而达到真正引导学生的目的。

主体性教育倡导民主、平等的教育理念。在开放的、隐匿的虚拟环境中，每个人都可以作为平等的网络行为主体而存在。教师与学生的关系不再具有非常明显的界限，现实生活中的身份和地位得到消解，学生的独立性、主体性被激发，使他们更加乐于在不受过多限制的虚拟环境中搭建师生平等的对话机制，不考虑过多的既定关系。作为独立的、分离的个体去请教老师、与老师谈心，交流思想，内容选择更加具有针对性，时间也很灵活，一般由学生掌控，使学生的话语权得到尊重且得到教师更为及时、直接和准确的回复，双方的教与学都能达到良好的效果，主体性得到激发，双方更加积极并更具有效率。

新媒介为师生提供丰富的教育信息资源，使资源的交换和分享成为可能。

高校重视思想政治教育，通过不同形式的教学方法，有组织、有目的和有计划地提高大学生的政治素质、思想素质、道德素质、心理素质和文化素质，培养其成为全面发展的社会主义接班人。传统意义上思想政治教育内容的选择，往往以校方为主导。教育者掌控者信息的资源，教师通过思想政治教育目标、社会发展状况和学生具体情况做出正确的内容选取和教育工作，控制内容选择的权利，是信息资源的占有者和优势方。新媒介在大学生群体的广泛运用转变了这一单向传播模式，信息传播流向不再是固定的"教育者——学生"。学生运用网络普遍性、内容海量性优势成为积极主动的内容获取者，师生平等的对话关系逐渐建立，教师更加理解和关注学生，尊重学生人格，双方信息资源的获取机会趋向均等。教育者的"信息资源的霸权"优势被挑战，学生不必完全接受教育者选择和过滤过的信息，改变了内容接收方的被动地位。

学生获取信息更加自由和开放，往往根据自身需求和价值判断对信息资源进行选择和重组，形成个人观点与看法，进一步指导其行为。教师更加鼓励学生表达自己的想法、倾诉遇到的困难或存在的困惑，将学生作为一个独立的完整的社会人来看待，使其参与平等对话，在面对道德困境时，敢于寻求帮助，依据正确的价值判断和行为准则行事。这使学生在实践中融入主体意识，加强主体意识，"形成良好的主体行为习惯并转化为个性特征，形成个性意识，强化个体的主体行为。"[1] 媒介的交互性使得双方信息资源的共享成为可能，大学生思想政治观念的形成不再只由教育者决定，也与大学生的自我教育息息相关。这不但激发了学生主动学习的内因，还提升了学生的能动性和创造性，锻炼了自我管理和自我教育能力。新媒介具有门槛低的特点，学生信息资源极易获取，但容易在信息中迷失自我，受到不良内容和复杂信息的影响，影响正确价值观和人生观的形成。这时，需要教师帮助学生学生提高媒介素养，加强信息的筛选、甄别和判断能力，培养和优化大学生积极向上、敢于肯定自我和追求价值实现的精神。这也是新媒介环境下，教师发挥主体性的一个重要方面。教师课上或线下的循循善诱，通过内容把关和有目的的引导，两个主体相互兼容。互相作用，形成双方合力构建思想政治教育的良好局面，和谐而统一。双方的信息资源共同作用于大学生，促进其健康成长。

六、新媒介环境下高校思想政治教育的环体变化

思想政治教育是大学生素质教育的重要组成部分。在整个教育研究领域中，思政教育由四个要素构成：教育主体、教育客体、教育环体和教育

---

[1] 曾琼芳.高校主体性德育的若干思考[J].福建金融管理干部学院院报,2003(6):52.

介体,也是教育过程的四个基本要素。简单理解,教育主体指教育者;教育客体指受教育者;教育介体指教育内容、方法和设施等;教育环体指教育环境和这种环境所提供的教育支撑条件。四个要素相互联结,共同作用于教育的主客体。姜国峰在《网络思想政治教育理想模式的构建研究》一书中这样阐述:教育环体即教育环境,是指对人的思想品德形成和发展过程与思想政治教育过程产生影响的一切条件和社会条件的总和。教育环体主要包括宏观的社会环境、中观的学校环境和微观的班级环境,这些环境在一定程度上具有现实性。❶ 本章所讲的教育环体主要指高校思想政治教育的工作环境,即学校的中观环境与班级的微观环境进行分析,探讨高校的教育环体在新媒介环境下出现的新情况、新变化。

任何教育都是在一定的环境中进行的,思想政治教育具有历史性和客观性,它也是在一定的思想政治教育环境中进行的。脱离了环境,思想政治教育也就无从谈起。思想政治教育环体是思想政治教育不可或缺的组成要素,影响教育的成果与向现转化的程度,对教育主体、客体和介体都有重要影响。2014年9月,国家主席习近平在庆祝第三十个教师节大会上表彰了先进集体与先进个人,有益于形成尊师重教色社会氛围,鼓励教师肩负起教书育人的光荣使命,激发学校的办学热情与教师的积极性和主动性。高校必须重视积极环境的建设,减少不良影响事件的发生,真正提高管理能力和管理水平,规范教学行为,在社会中形成好的示范效应,培养出合格的人才。

网络与新媒介的发展成为必然趋势,由新媒体酝酿与传播的事件,推广效果不容小觑。互联网往往成为公众的话语平台与舆论集散地,大学校园作为社会组织的一部分,置身其中,相互关联并相互影响。

校园事件曝光率不断提高,成为众多瞩目事件,引起全社会的广泛关注。大学生失联事件、自杀事件和暴力事件不断涌现在公众视线中,经主

---

❶ 姜国峰. 网络思想政治教育理想模式的构建研究[M]. 昆明:云南大学出版社,2009.

流媒体、网络电视、论坛、微博等多种媒介的传播和扩散，甚至成为整个社会的敏感词汇与关注焦点。公众舆论源源不断，对当事人和校方容易产生巨大的压力和不良影响。复旦投毒案从2013年发生以来到犯罪嫌疑人被判刑一直备受关注，从案件发生、嫌疑人被捕、开庭审理、嫌疑人上诉，以及二审开庭从未走出公众视野，经常成为微博热议话题，学校曝光率大增，引发公众对当代大学生综合素质、学校管理能力和教育能力的质疑。公共舆论话语参差不齐，难免存在充满情绪化的偏激言论，众多附和者往往缺乏理性，甚至在没有弄清事情原委的情况下进行激烈的言语抨击、人身攻击，发泄不满，过分扩大事件影响，对校园、大学生、教师等词汇带上嘲讽色彩，从而加剧了社会与校园的矛盾。

大学生思想政治教育是在一定的客观环境中接受教育，具体的知识获取和学习通常以新媒介提供的各种载体形成实践范围。网络、微博、公众号和论坛等构成了班级同学思想政治教育的微观环境，这一环境也对大学生产生了深刻的影响。新媒介形态的多样性逐渐融入大学生的学习与生活中，表现为沟通、娱乐、购物和投资理财等多个方面，丰富了个人生活，增添了生活乐趣，开阔了大学生思想政治教育的视野，形成了自由、开放、民主和平等的话语环境，并逐渐作用于现实，形成新型的教育环境，增强民主色彩与平等理念。

但对大学生思想政治教育的负面影响也不容忽视。大学生应当是积极汲取知识、不断充实自我的一个群体，但不乏众多沉迷网络、荒废学业的学生。他们意志消沉，忽视现实生活，形成孤僻性格，在自己的网络世界中自娱自乐。网络内容具有开放性，很难对学生选择内容进行把关与掌控，不乏西方势力通过网络内容进行潜移默化的渗透，传播错误的思想观点与思潮，传输西方资产资产阶级的意识形态，利用信息传播的优势权推进文化殖民。新媒介赋予人们极大的自由权，个体信息选取与传播行为更加自由和灵活。网络文化的多元性难免会使人们形成不同的思想认识，观点、态度存在多元化，而对正处在成长时期的、思想并未完全成熟的大学生而言，因极易受到西方观点的强势灌输，而无法进行明辨与抉择。片面地鼓吹难免动摇大学生的政治信仰、价值观念，形成拜金主义等错误思想，引发大学生价值观的混乱。

第三章 新媒体环境下加强高校思想政治教育的必要性

一、新媒体环境下高校思想政治教育出现的问题

在人类全面步入信息化的社会进程中，网络和新媒体的发展发挥着关键性的作用。作为能够快速接受和应用新事物的高校来说，新媒体成为高校思想政治教育的重要手段，不但改革创新了教育理念、教学组织形式和日常管理方式，同时还给师生带来了新的问题。所以，高校思想政治教育与新媒体的结合，既是机遇又是挑战，只有充分认识新媒体环境下思想政治教育出现的新情况、新问题，才能防微杜渐，发挥新媒体的积极作用。

高校思想政治理论课老师和辅导员在思想政治教育中发挥重要作用。在理论教育和日常管理中各自发挥着主力军的作用，理论课教师和辅导员的职业道德、职业素养和工作态度等方面都与大学生思想政治教育的实效性密切相关。目前，高校的思想政治教育理论课采用大班化教学，几十人甚至上百人的课堂针对性和互动性较差，不易达到理想的教学效果。由于教学内容不够新颖，往往是对对传统教学内容进行的复制，采用"口头"或者"口头+PPT"的教学模式传授给学生，教学模式单一，不能根据实际情况开展有效率的教学，无法完好地将新媒体教学具备的功能发挥出来，因此新媒体教学的效益也就不能体现，课堂效率低下。如何根据当代大学生的心理、性格、兴趣点等特征融合新媒体元素设计课堂、调动学习积极

性，成为摆在教师面前的一大难题。另外，不少理论课老师并未意识到思想政治教育理论课的重要性，只将理论知识传递给学生，缺乏与学生进一步的沟通与了解，双方关系仅停留在课堂，未能适应新媒体环境下大学生求知的需求。就辅导员而言，从辅导员的岗位业务要求来看，需要他们掌握思想政治教育理论及教育技巧，国家高等教育政策和法规，具备较强的组织管理能力、群众工作能力和语言文字表达能力，善于做大学生思想政治工作。在以北京高校"80后"辅导员为主的职业道德素调查中发现，辅导员的业务素养能力最为缺乏。"80后"辅导员虽然大多学历较高，但许多辅导员并非思想政治教育专业毕业，缺乏思想政治教育专业的系统学习经历，在思想政治教育方面的理论知识相对来说十分匮乏。特别是在学生的心理健康工作、专业思想教育和职业发展规划方面，他们普遍感觉到自己的知识储备不够，业务能力不足，或多或少地都有过面对工作力不从心的经历。2015年1月，中共中央办公厅、国务院办公厅印发《关于进一步加强和改进新形势下高校宣传思想工作的意见》（以下简称《意见》）。《意见》指出，要大力提高高校教师队伍思想政治素质，建议进一步健全教师政治理论学习制度，加强师德建设。这也为高校教师队伍提出了更高的要求，即要不断加强思想政治教育队伍建设，提高教师的职业素养、职业技能，适应社会发展新趋势，增强自我发展意识，积极主动掌握新媒体技术，并将其应用于课堂教学和日常管理中；同时，加强对大学生使用网络和新媒体的正确指导和规范管理，并主动加强政治理论学习，在多元的文化背景下，牢固树立对马列主义和对社会主义理想前途的坚定信念，加强业务能力的培养，用有效的方法、合适的途径指导学生，提高工作效率。

在新媒体环境下，信息渠道充分而便捷，但高校的网络监控制度并不完善。对于文化侵略、黄色毒瘤和黑色信息等内容，大学生往往缺乏对信息的分析、判断能力而沦为不良信息的思想奴隶，甚至受到蛊惑，致使其价值观的混乱并迷失，媒介素养有待提高。同时，大学生的道德观念逐渐淡化，一些优良的中华民族传统美德渐渐被淡忘，如诚信、节俭、宽容和乐于助人等优秀品德存在"知"与"行"的差距。大学宿舍理应是一个温馨融洽的学习生活区域，舍友间应互帮互助、共同进步。然而，目前不少大学生以自我为中心，利己主义盛行，往往因为小事情互不谦让，导致宿舍矛盾和纠纷不断。通常，辅导员担当矛盾调解员，为其讲述最基本的为人处世的道理，教导学生如何处理个人与集体的关系。也有不少学生属于"独立的个体"，以个性标榜为傲，沉迷于个人的虚拟世界中，与电子产品为友，对本人和集体都缺乏责任感，出现道德冷漠。高校思想政治教育课程已经不能满足教学的要求，新媒体教学手段的应用及普及需要加快步伐。在教学中，思想政治理论课老师常常感到困扰：到场的学生不少心不在焉，不参与、不互动，忙着个人"手头事"，上课成为走形式，甚至有学生上课只带着手机。大学生对于思想政治教育理论课没兴趣，不愿意听课，轻视考试，思想政治教育的实效性也大大降低。

长期以来，思想政治教育的实际效果评价不够合理，重理论轻实践。仅将两课的考试成绩作为大学生思想政治素养的标准，而忽视课堂外的思想政治表现，如日常生活中的思想道德表现，社会实践能力等，理论评价与实践评价并没有有机结合起来。此外，高校对思想政治教育实际效果评价指标设置不科学，工作实际效果的考核注重对教学和活动的考核，未能深入对思想政治教育的实际效果加以定性。未能以日常思想政治教育活动的数量、活动获得荣誉的数量等指标作为评价标准，导致高校只重视思想政治教育的内容和形式上的创新，实效性差。❶ 在新媒体环境下，合理的思想政治教育实际效果评价机制亟待重新构建，重理论轻实践只会引导大学生"品"与"学"的分离，甚至相向而行。尤其对传统的课堂教学，大学生积极性不高。不合理的评价机制可能会引发学生的反感，忽视评价结果，继而无法达到教学目标。当下，世界范围内各种思想文化相互激荡、碰撞，

---

❶ 冯程伟.新时期大学生思想政治教育实效性研究[J].思想政治教育,河北大学,2010(6).

多元文化的交织形成了与传统思想体系的冲突，高校所处的环境开始发生变化，广泛的信息渠道与较差的媒介素养能力形成对立，进一步加剧了高校思想政治教育面临的严峻性和挑战性。

二、新媒体环境下加强高校思想政治教育的重要性

新媒体发展迅速，运用广泛，已与传统媒体进行全方面的融合。微博、论坛、博客、朋友圈和电子邮件等新媒介日益成为自媒体的新生力量，公众意见的表达和倾听成为易事。信息传达、信息搜索和信息接收变得轻而易举，自媒体的力量不容忽视。新媒体已完全突破了个人生活的运用领域，"互联网+"的新型商业模式在不断被探索和实践，新媒体已成为整个社会不可或缺的技术力量，产生的作用越来越大，带来的影响也越来越大。不可否认，它所面临的管理难题也越来越严峻。

当代大学生已经成为新媒体最为重要和广泛的使用群体，新媒体无时无刻不在影响着大学生的思想观念和行为方式。信息获取方式多元化，网络、视频已经成为书本、期刊的重要补充；交往方式多样化，选择性灵活；学习方式自主化凸显，传统教学劣势渐现。高校的思想政治教育与新媒体的结合，增强了学生学习的自主性，思想政治教育工作更具有吸引力和感染力，但同时也要正视新媒体给大学生思想政治教育带来的挑战。思想政治教育对大学生的成长具有促进作用。我国高校历来重视大学生思想政治教育工作。高校是加强意识形态建设的重要阵地，是我国一项重大的"战略工程、固本工程、铸魂工程"，关乎党对高校的领导和教育方针的贯彻实施。大学生是民族的希望，是建设中国特色社会主义事业的中坚力量，肩负着不可推卸的历史重任，而巩固马克思主义在意识形态领域的指导地位，对于巩固全党和全国人民团结奋斗的共同思想具有重要而深远的意义。新媒体极大地扩展了信息获取和发布的渠道，大学生的政治立场、理想信念和价值观念等都会受到影响。此外，西方敌对势力的刻意宣传，以及各种

鱼龙混杂的信息，还会给大学生造成负面影响。高校作为意识形态的前沿阵地，必须清醒地意识到，在日趋复杂的国内外环境中，一些"苗头性""倾向性"的问题必须引起高度重视，应运用社会主义核心价值观引领广大师生指导社会实践，充分运用新媒体手段创新思想政治教育工作，掌握网络舆论主动权，强化政治意识、责任意识、阵地意识和底线意识，坚定大学生的社会主义道路自信、理论自信和制度自信，培养合格的社会主义接班人。

对不少大学生自身存在的问题也需要高度重视，如政治立场不够坚定、心理问题频发，科学人文素质下降等。不论从大学生自身的发展、高校的责任，还是从国家未来的发展考虑，都应重视大学生的思想政治教育，帮助其树立正确的世界观、价值观和人生观，使其珍惜校园生活、勤奋学习和踏实奋斗。要帮助学生善于借助新媒体环境创造的优势，获取有益的知识和技能，扩充知识面，锻炼交际能力，增进师生情谊，并在复杂的信息中能够甄别是非，提高媒介素养，获取对自己有利的信息。

在新媒体环境下，要取得良好的思想政治教育的效果，要根据社会发展和大学生身心发展变化的情况做出相应的改进，探索和丰富符合时代要求的思想政治教育机制。而构建和完善大学生思想政治教育机制利于培养高素质、综合型的人才，提高高校育人的质量。因此应努力做到"育人为本、育德为先、能力为重、全面发展"的人才培养观念，为国家输送能够肩负起建设和谐社会、完成祖国伟大使命的人才，继而达到思想政治教育的目标。

三、新媒体环境下高校思想政治教育的含义与特点

思想政治教育活动是人类社会实践的重要内容之一，是伴随着阶级社会的出现而出现的，而思想政治政治教育这一概念与无产阶级的活动相关联。马克思、恩格斯于1847年创立了第一个无产阶级政党，即共产主义同

盟时，就为无产阶级思想政治教育学的形成奠定了理论基础。在马克思主义中国化的进程中，吸收了包括马克思主义主义关于思想政治工作的相关思想和中国古代思想政治教育的相关智慧。随着中国共产党工作实践的发展，不断丰富和发展思想政治教育的内容。关于思想政治教育概念的演变，有学者做出了梳理：1945年，毛泽东在《论联合政府》中提出了"思想教育"的概念；中华人民共和国成立后，1951年，刘少奇在《党在宣传战线上的任务》中第一次提出"思想政治工作"的概念；1957年，毛泽东在《关于正确处理人民内部矛盾的问题》一文中，对"思想政治工作"做作了进一步阐述，并一直沿用；1978年党的十一届三中全会召开，党和国家的工作重点转移到社会主义现代化建设上来，各项工作服从于以经济建设这一中心任务，于是思想政治教育发生了重大变化，"思想政治教育"逐渐成为思想政治教育工作领域统一的标准提法。思想政治教育的含义基本形成了较为统一的看法，是指社会或社会群体用一定的思想观念、政治观念和道德规范，对其社会成员施加有目的、有计划和有组织的影响，使他们形成符合一定社会要求的思想道德的社会实践活动。

学者李浩根在对思想政治教育的概念界定时指出，思想政治教育是一定的阶级、政党和社会群体遵循人们思想意识形成的发展规律，用一定的思想观念、政治观点和道德规范对其成员施加有目的、有计划和有组织的影响，使人们形成一定社会、一定阶级所需要的思想品德的综合实践活动。因而他认为，思想政治教育地一项社会实践活动，它具有一般的社会实践活动的基本特征和价值，并具有鲜明的阶级性。思想政治教育的内容与社会主导意识是一致的，它既是一项政治工作，也是一项教育活动，但又与政治工作、教育工作相区别。其特点表现为：思想政治教育具有鲜明的党性原则，思想政治教育工作具有很强的阶级性；思想政治教育在结构具有综合性，是由教育者的教育活动、教育环境的影响和受教育者的自我教育共同组成的；思想政治教育是面向群众的实践活动，具有人本性和实践性；

灌输性是理性的灌输，具有目的的明确性、内容的正面性和形式的张显性等特点。❶ 学者何彬生以高校思想政治教育为研究对象❷，认为进行当代大学生的思想政治教育工作时的一般特点表现为：①多端性。教育者可从认知、情感、意志、信念及行为等多个开端入手，不拘泥与具体顺序，灵活处理；②社会性。思想政治教育工作是一种社会现象，具有社会制约性，同时也受到社会环境的影响；③实践性。思想政治教育必须适应社会实践发展规律，实践是教育者和受教育者的基本途径；④长期性和反复性。大学生思想品德的形成和发展史长期、反复的过程，决定了思想政治教育工作具有长期性和反复性。我们知道，思想政治教育活动包含了思想教育、政治教育、道德教育、心理教育和法制教育五个部分。它们之间相互联系、渗透，互为补充，共同构成思想政治教育这一结构体系。大学生思想政治教育指根据国家、社会以及大学生自身发展需要，针对大学生的认知、情感、态度、意识、思想、观念和信仰等心理特征所进行的一系列教育实践，使之成为国家及社会需要的人才的思想政治教育过程。在高校，一般由大学生思想政治理论教育和大学生日常思想政治教育两方面。前者是一种高层次的的信仰教育，引导和帮助大学生树立正确的世界观、人生观和价值观，确立为中国特色社会主义而奋斗的共同理想，增强抵制错误思潮和腐朽思想的能力，是大学生思想政治教育的根本目标。后者主要是指除了思想政治课堂教学以外的其他教学形式，如学术活动、学生党团活动、学生社团活动、社会实践活动、心理健康教育与咨询、校园网络、专题讲座、座谈等教育形式和途径。❸ 当前，我国处于改革的攻坚阶段和发展的关键时期，社会情况发生了复杂而深刻的变化，大学生思想政治教育的特点也发生了新的变化，何彬生又提出了以下几个方面：①强化阵地意识和方法创

---

❶ 李浩根,等.新时期思想政治教育和心理健康教育结合理论与实践探索[M].长春:吉林人民出版社,2008.
❷ 何彬生.当代大学生思想政治教育工作读本[M].北京:北京大学医学出版社,2005.
❸ 张禧,毛平,尹媛媛.大学生思想政治教育实效性探索[M].西安:西南交通大学出版社,2014.

新相结合；②显性教育和隐形教育相结合；③共性教育和个性教育相结合；④理论教育和实践教育相结合；⑤学校教育、家庭教育、社会教育和自我教育相结合；⑥价值观、人生观和职业教育和就业教育相结合；⑦总体目标与分层实施相结合；⑧思想教育、行为管理和健康心理指导相结合。

思想政治教育作为一种特殊的实践活动，总是在一定的历史环境中进行的，并受到客观环境的影响和制约。新媒体环境下的思想政治教育就是积极探索在新媒体环境中，如何利用新媒体技术拓展思想政治教育的新局面，并积极应对新媒体环境下出现的新状况、新问题，趋利避害，从而更好地实现高校思想政治教育的目标，提高思想政治教育的实效性。

网络思想政治教育与新媒体环境下的思想政治教育一脉相承，以网络为载体的思想政治教育受到越来越多学者的关注。起初，众多学者从基本从教育主体、教育手段和方式、教育资源、受教育者等方面进行了探索，如夏晓虹从提出：①思想政治教育空间的虚拟性；②思想教育过程的交互性和平等性；③思想政治教育环境的开放性；④思想政治教育信息资源的共享性和不对称性；⑤网络思想政治教育开展的及时性；⑥网络思想政治教育实现的社会性。赵廉太将指出网络思想政治教育的特点表现为：教育主体的隐匿化、教育影响资源的多元化与综合化、教育方法与手段的技术化、受教育者对教育影响选择的自主化，以及教育过程的单向化等。在前人研究的基础上，思想政治教育特点的研究也越来越成熟。2012年，高桂云在主编的《网络媒体与党的执政能力建设》中，将网络思想政治教育的特点进行细化分析，从主体特点来看，即思想政治教育工作者，具有组织性、虚拟性和平等性；从内容特点来看，具有意识形态性、开放性、丰富性和隐育性；从方法特点来看，具有技术性、多样性、交互性和便捷性；从思想政治教育的目的特点来看，具有客观性、政治性和隐蔽性；从价值特点来看，具备时效性、共享性和人文性。❶

---

❶ 高桂云.网络媒体与党的执政能力建设[M].北京:中国社会科学出版社,2012.

四、新媒体环境下高校思想政治教育的目标和内容

思想政治教育的目标是高校实施思想政治教育具体工作的依据,能够检验思想政治教育的最终效果。确立的目标是否科学、合理,关系到思想政治教育的成效,且思想政治教育的目标"贯穿于思想政治教育的全过程,自始至终发挥着导向作用、凝聚作用、调控作用和评价激励作用"❶。因此,从思想政治教育诞生起,它就十分重视思想政治教育目标理论的研究。我国高校思想政治教育的目标是一个不断发展、不断补充和不断完善的过程。罗洪铁、周琪和王斌在《思想政治教育学学科理论体系演变研究中》做了详细的介绍,将 1982—1999 年作为思想政治教育目标理论的形成阶段;2000 年至今为思想政治教育目标理论的发展阶段。1982 年,张蔚萍、张俊南合著的《思想政治工作概论》用专章阐述了思想政治工作的根本目的和任务,为思想政治教育的目标理论研究产生重要影响,形成了思想政治教育目标理论的雏形。1984 年是思想政治教育学科开始的起点。1991 年国家统编教材——政治出版。此外,由教育部组织力量编写的统编教材同时作为"面向 21 世纪课程教材"再次出版。思想政治教育的目标、目的和内容的研究不断深化。学者彭建国在《增强高校思想政治教育吸引力问题研究》中从国家文件的层面进行了梳理。

1995 年 11 月,国家教委颁布了《中国普通高等学校德育大纲》,对大学生思想政治教育的目标、内容、原则和途径等做了明确规定。《中国高等学校德育大纲》规定中国大学生思想政治教育的目标是使学生热爱社会主义祖国,拥护党的领导和党的基本路线,确立献身于中国特色社会主义事业的政治方向;努力学习马克思主义,逐步树立科学世界观、方法论,走与实践相结合、与工农相结合的道路;努力为人民服务,具有艰苦奋斗的

---

❶ 王虹. 思想政治教育学基本理论研究[M]. 沈阳:辽宁大学出版社,2010.

精神和强烈的使命感、责任感；勤奋学习，勇于探索，努力掌握现代科学文化知识，从中培养一批具有共产主义觉悟的先进分子。对大学生思想政治教育的具体规格要求，大纲也做了明确规定。即大学生思想政治教育的内容包括马列主义、毛泽东思想和邓小平理论教育，爱国教育，党的路线方针政策和形势教育，民主、法制教育，人生观教育，道德品德教育，学风教育，劳动教育，审美教育，以及心理健康教育十个方面。新时期大学生思想政治教育的主要目标与新时期思想政治教育的主要任务具有内在一致性。2004年，中共中央国务院16号文件指出，新时期大学生思想政治教育的主要任务是：以理想紫念念教育为核心，深入进行梳理正确的世界观、人生观和价值观教育；以爱国主义教育为重点，深入弘扬和培育民族精神教育；以基本道德规范为基础，深入进行公民道德教育；以大学生全面发展为目标，深入进行素质教育。培养德智体美全面发展的社会主义合格建设者和可靠的接班人。2005年，中宣部和教育部下发了《关于进一步加强和改进高等学校思想政治理论课的意见》，对高校思想政治理论课做了重大调整，要求要坚定不移地抓好大学生的理想信念教育。其中，一个层次是对于全体大学生，都要确立在中国共产党领导下走中国特色社会主义道路、实现中华民族伟大复兴的共同理想和坚定信念；另一个层次是要积极引导大学生不断追求更高的目标，使他们中的先进分子树立共产主义的远大理想，确立马克思主义的坚定信念。

在新时代背景下，2015年1月，中共中央办公厅、国务院办公厅印发了《关于进一步加强和改进新形势下高校宣传思想工作的意见》（简称《意见》）。《意见》中将高校宣传思想工作的目标融于高校宣传思想工作的主要任务之中，明确指出加强和改进新形势下高校宣传思想工作的主要任务包括以下内容。

（1）坚定理想信念，深入开展中国特色社会主义和中国梦宣传教育。加强高校思想理论建设，加强具有中国特色、时代特征的高校哲学社会科学学术理论体系和学术话语体系建设，进一步增强理论认同、政治认同和情感认同，不断激发广大师生投身改革开放事业的巨大热情，凝心聚力共筑中国梦。

（2）巩固共同思想道德基础，大力加强社会主义核心价值观教育。把培育和弘扬社会主义核心价值观作为凝魂聚气、强基固本的基础工程，弘扬中国精神，弘扬中华传统美德，加强道德教育和实践，提升师生思想道德素质，使社会主义核心价值观内化于心、外化于行，成为全体师生的价值追求和自觉行动。

（3）壮大主流思想舆论，切实加强高校意识形态引导管理。做大做强正面宣传，加强国家安全教育，加强国家观和民族团结教育，管好导向、管好阵地、管好队伍，坚决抵御敌对势力渗透，牢牢掌握高校意识形态工作领导权和话语权，不断巩固马克思主义的指导地位。

（4）推动文化传承创新，建设具有中国特色和体现时代要求的大学文化。培育和弘扬大学精神，把高校建设成为精神文明建设示范区和辐射源，继承和发扬中华优秀传统文化，促进社会主义先进文化建设，增强国家文化软实力。

（5）立足学生全面发展，努力构建全员全过程全方位育人格局。形成教书育人、实践育人、科研育人、管理育人和服务育人的长效机制，增强学生社会责任感、创新精神和实践能力，全面落实立德树人根本任务，努力办好人民满意的教育。

思想政治教育内容是思想政治教育系统的基本要素，与思想政治教育的目标和任务具有统一性，是思想政治教育目标和任务的具体体现。思想政治教育工作者根据社会需要和受教育者的思想特征，运用思想政治教育和内容对受教育者进行有目的、有计划的思想引导。思想政治教育的内容是一个不断丰富发展的过程，最早期的代表观点是依据思想政治教育的目标和教育对象的实际情况确定，包括世界观、政治观、人生观、道德观、法制观、创造观和健康心理教育七个方面。根据教育法的规定,将其分为九个方面:爱国教育、集体教育、社会主义教育、理想教育、道德教育、纪律教育、法制教育、国防和民族团结教育,每一项内容都包含多个方面。有学者认为思想政治教育的内容应当包含以下几个方面:马克思主义立场观点方法教育,世界观人生观价值观教育,党的基本路线教育,中国革命、建设和给个开放的历史教育,基本国情和形势与政策教育,科学发展观和党的最新理论成果教育。也有学者将思想政治教育的内容分为两个层面,第一层面指特定的社会和阶级所要求、所确定的思想政治教育内容(思想政治教育Ⅰ);第二个层面指在具体的思想政治教育活动中,思想政治教育者根据相应的教育目的,按照教育规律的要求,对思想政治教育Ⅰ进行组织和编制,使其可直接用于思想政治教育活动的内容(思想政治教育内容Ⅱ)。前者是给定的,后者是加工组织的结果。由李丽娜和李久林主编的《大学生思想政治教育整合与创新研究》,根据相关部门出台的一系列关于大学生思想政治教育的重要文献及思想政治教育相关研究成果,结合高校大学生的思想实际,将当前高校的思想政治教育内容视为包含了由各种要素组成的横向结构和由内容各层次组成的纵向结构相统一的有机整体,提出了构建和优化思想政治教育内容体系的新思想。其中,由政治教育、思想教育、道德教育、心理教育和法纪教育等要素构成思想政治教育内容的横向结构。从纵向衔接出发,可以将其划分为三个层次:较低层次的教育内容,即思想正孩子教育的基本要求和基础性内容,如传统美德、社会公德等,它是必需层次;较高层次的教育内容,即反映社会主导要求的教育内容,如爱国主义、集体主义和社会主义思想等,它是弘扬层次;最高层次的教育内容,即具有先进性、崇尚性和理想性的教育内容,如马克思主义世界观、共产主义理想信念等,它是追求层次。三者相互联系,有机统一,呈现由低到高的递进关系。要正确把握各要素结构之间的互补关系和内容层次之间的递进关系,以政治教育、思想教育、道德教育、心理教育和法纪教育等要素为经，以基础性内容、主导内容和拓展性内容为纬，形成要素完整、层次分明、连续链接和互动有序的思想政治教育内容结构体系，更加适应社会发展趋势和大学生全面发展的要求。

随着社会信息化进程的加快，高校网络思想政治教育在传统思想政治教育的基础上发展起来并逐渐受到重视。网络思想政治教育内容与传统思想政治教育内容既有联系又有区别。有学者认为两者在本质上是相同的，因而其基本内容也是相同的，并以政治教育内容为主导。但网络思想政治教育的内容并非固定不变，而是根据社会要求和网民思想状况确定。其基本内容相对稳定，包括网络环境下大学生的思想教育、道德教育、心里指导、爱国主义教育和理想信念教育它还根据社会发展要求创新内容，加入和谐社会思想教育、时代精神教育、荣辱观教育、网络安全教育、网络生态文明教育及网络文化教育。不同的学者从不同的角度、标准对思想政治教育的内容进行界定和构建，呈现的方式也不尽相同。目前，不论是传统的思想政治教育，还是网络环境下的思想政治教育，"五要素说"是得到广泛认同的。这五方面包括思想教育、政治教育、心理教育、道德教育和法纪教育。其中，思想教育是前提，政治教育是核心，心理教育是基础，道德教育是重点，法纪教育是保障。在新媒体环境下，这五方面内容依然适用于高校思想政治教育，并应根据社会发展的新形势、大学生的新特点进行有侧重点的转换，灵活应用思想政治教育内容，有重点、有针对性地开展思想政治教育工作。

第四章 贝罗 SMCR 理论在高校思想政治教育中的实践探索

一、贝罗 SMCR 理论

现代教育理论认为,和"学与教"有密切关系的传播理论包括拉斯韦尔的 5W 理论、施拉姆的双向传播理论和贝罗的 SMCR 理论。美国政治家恰罗德·拉斯韦尔 1948 年确定了 5W 公式,展示了大众传播的五个基本要素,这一线性的传播模式如图 4-1 所示。

图 4-1 拉斯韦尔传播模式

(1) 控制分析。研究"谁",即传播者,探讨传播行为的原动力。

(2) 内容分析。研究"说什么",指信息的内容。

(3) 媒体分析。研究传播通道,通过哪种媒介进行传播。

(4) 受众分析。研究受传者,是信息的接收方。

(5) 效果分析。研究受传者对接收信息所产生的意见、态度与行为的改变等。

拉斯韦尔的模式在大众传播中得到了广泛的应用,开创了传播学模式研究方法的先河。但它属单向流动的线性传播模式,过于简单,忽略了传播是具有反馈与往复的互动过程。它在教育学中的主要应用是强调发挥传播者和接收的积极性与主动性，使教师能够选择合理的教育媒介传递给学生，通过实践检验传播效果，对现代教学有一定的指导意义。

施拉姆的双向传播理论强调传者和受者都是积极的传播主体，信息传播是双向循环的过程，每个成员既是传播者也是受传者。此外，每个传者和受者还扮演编码、释码与译码的角色，且受者会给传者信息反馈。

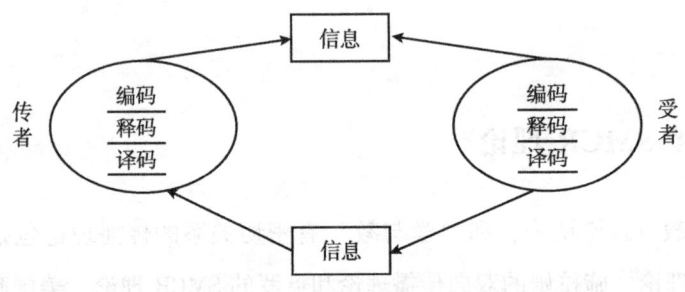

图4-2 奥斯古德—施拉姆模型

教学的传播过程是师生双方共同作用的、相互反馈的一种传播行为。该模式能启发教学过程的设置，要重视调动双方的积极性，并且充分利用反馈信息，随时进行调控和修整，达到良好的传播效果。施拉姆的传播模型没有对教师与学生的具体影响因素进行细化，传授双方由于知识储备、学历水平、技能运用、社会背景和经验范畴等的差异会产生不同的传播效果，因此略显简化，对整个教学过程的复杂性没能充分体现。

教学其实是一种特殊的传播行为，它是涵盖了体内传播、人际传播、大众传播，以及组织传播和具有多重传播形态的传播活动。这种互动式教学过程，也是互动式的信息传播过程，因此也遵循传播规律。本书以贝罗提出的SMCR传播模式为理论依据，分析在新媒介环境中，思想政治教育过程的复杂性和出现的新变化。

1960年，传播学家贝罗（David K. Berlo）在《传播的过程》一书中提出了SMCR（Source Message Channel Receiver）模式。它将传播过程分解

为信源（Source）信息（Message）、通道（Channel）和接收者（Receiver）。传播的最终效果由这四要素及它们之间的关系决定，每一要素也会受到自身因素的制约。

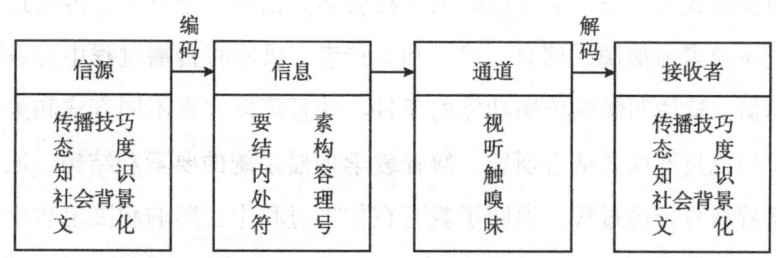

图 4-3　贝罗的传播模式

贝罗提出，从信源和受者来看，至少有以下五个因素影响传播效果。

（1）传播技巧。信源的表达技巧，语言文字能力，受者的接收技能均会影响传播效果。

（2）态度。信源和受者对传播主题是否喜爱，双方对于对方的态度等。

（3）知识。信源和受者的知识水平是影响教学效果的重要因素，双方是否具备丰富的知识。

（4）社会背景。不同的社会形态、社会地位、威信和影响力都会影响传播内容的认识和理解。

（5）文化。传播者和接收者的学历、经历和文化背景。

信息的影响因素包括：①内容。信息传播的材料选择；②要素。符号所承载的事物的意义，是信息所传达的实质或本质；③处理。传播者对选择及安排符号和内容所做的种种决定；④结构。形式上对信息搭配和排列；⑤符号。为传达某种意义所采用的标识。

通道的影响因素包括视觉、听觉、触觉、嗅觉和味觉，人类的各种感官对于信息的接受效果也存在差异。信息传播中的通道指传播信息的各种工具和手段，如广播、电视、报纸、书籍、图画和图表等，可以是视觉媒体、听觉媒体、触觉媒体、嗅觉媒体和味觉媒体。它有时可以调动起接收者各种感官进行传播，也可以对信息的内容、符号等进行处理从而影响通道的选择。这些都会影响信息的传送和接收效果。

贝罗模式是香农—韦弗模式关于社会学方面的一个发展，传播过程的四个基本要素为信源、信息、通道和受传者。贝罗将传播过程中的各要素进行分解。这说明影响传播功能的条件，并且可以实现不同方式和渠道的传播，因此贝罗模式适合研究、解释教学传播系统的要素和结构，通常被用来解释教育传播过程，说明了教育在传播过程中，影响和决定教学信息传播效率和效果的因素是多方面的、复杂的，并且相互制约、相互影响。贝罗的 SMCR 理论被广泛地运用到教学模式用以展示教学过程的特性，并希望将 SMCR 理论传播模式运用到教学中，以发现不足，加以改进，达到优化教学效果的目标。在中国知网以关键词"SMCR"为关键词进行检索，显示 2003 年张丽英以《SMCR 传播模式在地理解教学设计中的应用》为题发表了会议论文，简要阐述了地理教学中如何去应对贝罗传播模式中的影响因素，以达到良好的教学效果。逐渐有学者较为深入地探讨了教学中如何以 SMCR 理论为依据，改进传播效果。2007 年唐佳梅发表的《SMCR 传播效果优化策略——以国际询问编译教学为例》一文，以国际新闻编译教学传播过程为例来探讨 SMCR 传播效果的优化策略文章分析了包括反馈在内的各个传播环节出此的问题和不足，并从完善教师结构（信源）、重新系统编排和多渠道设计（通道）的教学内容（信息），针对学生背景调整教学重点（信宿）等方面提出优化策略，进而提高新闻教育的传播效果。与此类似的还有以"中国武术传播教育""MOOC（大规模开放式在线课程）""'翻转课堂'教学"等，全面或重点地分析了传播模式在不同传播阶段带来的新启发。

后来，不断有学者进行拓展，在网络环境教学平台、广告学、微博平台中进行探究，拓展了贝罗 SMCR 传播模式的运用范围。2006 年，由汪永齐、钱航园和张佩成三位作者共同发表的《贝罗传播模式在广告中的应用》拓展了贝罗传播模式的新思路。贝罗模式不仅是教育传播学的经典理论，在其他领域也具有指导意义。作者重点分析了在贝罗传播模式中信源的诸多因素对广告传播活动的影响，使人们对于传播技术、态度、知识、社会系统和文化这五方面有了更深的认识，不再局限于日常教学活动中对传播者影响因素的理解，并能结合广告传播活动的特征进行相应的分析，拓展了应用范围，开阔了思路。同时，作者将信源的"态度"进行细化，表现为信源对于信息处理的态度、信源对于媒介选择的态度和信源对于广告环境的认知态度，贝罗传播模式是对香农—韦弗传播模式的完善。作者认识到了信源和接收者会受到同样因素的影响，但未意识到信源和接收者之间是可以相互转化的，因此将贝罗模式当做线性的单向传播模式。在当今奉行以"用户为中心"的传媒市场，消费者的地位甚为重要，甚至取决定性作用。因此，广告传播活动可以将消费者因素予以重点考虑，不可忽视。同样，用于分析传媒行业的一篇文章是 2009 年，刘欣发表的《从贝罗传播模式看娱乐节目主持的风格化形成——以〈快乐大本营〉为例》，重点从影响信源的五个因素分析了《快乐大本营》主持人风格化的形成，并提出从传播学角度对娱乐节目进行研究具有很强的社会意义，从贝罗传播模式出发，对于娱乐节目主持风格化的形成有更深的认识，从而减少娱乐节目同质化，促进节目风格的多元化。贝罗本身的理论没有过多人对其进行完善，更多的是围绕传播模式本身作为理论依据，为达到更好的传播效果出谋划策。但目前运用贝罗传播模式分析思想政治教育工作的文章还没有出现，在知网 CNKI 高级检索中，以"贝罗传播模式 思想政治教育"为关键词进行检索，检索结果显示为"0"；在"方正数据知识服务平台"检索结果中，同样显示为"0"。这说明目前没有学者运用贝罗传播模式分析思想政治教育这一特殊的传播活动。这方面的内容是值得探索的，它可以而为思想政治教育的实效性研究提供理论指导和方法指导。

贝罗的传播模式最大的贡献在于对传播过程及影响传播过程中的每一个要素的分解和重视，强调传播的过程性。传播者通过编码形成所要传播的信息，并利用一定的媒介或通道将信息传播至接收者。接收者需要对信息进行译码，从符号中读取意义，从而获取信息。当然，反馈也很重要，接收者对信息做出某种反应、发出信息，接收者转换到传播者的地位，又开始了新一轮的信息传播，这一传播过程同样符合贝罗的传播模式。这一传播模式适合分析研究教学传播系统中的要素和结构，并对每一个传播要素中的相关因素做出分析。贝罗的传播模式较好地体现了在教育传播过程中，影响教学传播效率和效果的因素是复杂的，是一个相互联系、相互制约的传播过程，从而对于每一个要素的具体分析变得有路可循，提高教育传播效果也更为容易。

二、贝罗SMCR理论在教育传播学中的运用

传播学研究开始于20世纪40年代的美国，从政治学、宣传学、社会学和社会心理学等多学科交叉融合发展而来。它是研究人类的传播行为、传播规律、传播过程中人与社会关系的一门学科，宏观上可看作探究社会信息系统及其运行规律的科学。目前，传播行为分为大众传播、组织传播、群体传播、人际传播和体内传播五种类型，每种类型都有其特有的传播机制与传播特点。作为一门社会科学，传播学最终研究的是人与人、组织、社会的关系，以及其中的媒介作用、影响因素和传播效果等。自1982年第一届全国传播学研讨会成立以来，至今三十多年，传播学的研究还在继续，仍是一门发展中的学科。教育传播学是教育学和传播学相互交叉、相互渗透的产物，是教育学和教育技术学重要的理论基础之一。在现代化的媒介出现后，它丰富了传统课堂的教学模式，仍然适用于教育传播学的理论框架，综合运用传播学和教育学的理论方法，揭示传播规律，力图实现最优化的传播效果。课堂教学以教师与学生双边活动为主，包含学生与学生互动及学生自我吸收的一个动态过程，贯穿于传授知识、接受知识、学生练

习和复习知识、教师指导及作业考察等阶段。在这一传播过程中，教育传播具有个性特征，它是在教育系统内部进行教育传播活动，以培养学生成为人才为目标；以教育计划和教育目标进行教学的计划性；具有形式多样的教育传播媒体；有特定的效果评价方法。

教育是一种文化信息传播活动，教学的过程就是文化信息流动的过程。进行教育传播学的研究，其最终目标是要探究如何实现教育信息的有效互动，使传播效果达到最优。教育在本质上属于信息传播活动，是因为它不仅满足传播最基本的四要素——信源、信息、信道、信宿，还表现为它符合传播的基本类型。

（1）大众传播。广播、电视和报刊等教育方式可以运用到教学中。

（2）群体传播。师生群体间的教材内容、教学大纲的交流，教师群体间的教学经验交流等。

（3）人际传播。老师对学生一对一的辅导、学生与学生间的探讨等。

（4）体内传播。学生对于知识的消化、整理笔记、写思想小结、自我批评和反省等。

贝罗的 SMCR 模式综合了哲学、心理学、语言学、人类学、大众传播学和行为科学等新理论，解释传播过程的各个不同要素，是被公认的教育传播模式。这一模式把传播过程分为四个基本要素：信源、信息、通道和受传者，简称 SMCR 模式。影响传播效率和传播效果的因素是很复杂的，各因素之间相互制约。在教育传播学中，各个要素同样符合贝罗的传播的各个要素若要提高传播效果，需要综合各方面考虑。教学活动符合一般的传播规律，由教育者、教育信息、教育载体、受教育者和反馈等要素构成，提高传播效果必须全面研究，综合考虑各方面的影响因素。

（1）信源。教育者，这里是狭义上指从事教学活动的教师为主。作为以教为职责的教师，其自身的传播技能会影响受教育者的接受效果，表现在语言表达、说话方式、书写技能、思维逻辑等方面，是教师编码能力的一种表现。编码位于信息的发送端，教育者将信息转化为可以发送的信号进行传播。此外，还包括教师的工作态度，表现在对教学工作是否感兴趣、充满热情，对学生是否尊重、负责，能否有效激励其学习动机等；教师的文化水平如何，是否拥有丰富的知识储备，能否熟悉掌握所讲授知识，是否熟知传播方法等，而教师在社会中的影响、地位也会影响教师对教学价值的认识和判断。

（2）信息。指教育者所传授的知识即教学内容，它是依据教学目标进行选取，不同的教育者出于对教学内容的不同理解，会对教学材料进行选择和加工，不同的教育者会有不同的加工结果，传授内容的传递既包括教学成分，内容的组织结构，还包括教学符号，即呈现教学内容的方式，可以是语言、文字、图像、音频、视频等。

（3）通道。在教学活动中，知识、信息的传递是依赖一定的载体进行传播，没有物质载体不可能实现传递，可以是知识传播中所运用到的各种工具，包括"各种感觉器官，以及书、图画图表、电影、电视等信息载体和光、温度、噪音、设备等环境变量"❶。工具的多样性利于充分调动各种器官接受知识，数字化时代下，网络与新媒介以集文字、图片、视频、动画等多种元素为一体的优势而被广泛运用，成为教学中值得运用与推广的教学通道，可调动学生学习积极性、激发学习兴趣。

（4）接收者。指接受知识的学生，他们是译码者，处于信息的接收端，将教育者传递的信息，转为接收的信号。译码同编码过程相似，不同的学生会产生不同的接收效果，源于学生的表达技能、学习态度、先前知识和经验、家庭背景、社会背景等的不同。并且接收者和传播者是可以相互转化的，并非固定不变的处于传播过程的两端，当学生反馈时，学生充当了传播者，教师进而作为接收者，开始下一阶段的编码与译码。

---

❶ 王瑾. 传播学视角下提高教学有效性的策略与思考[J]. 理论研究, 2013(36).

三、大学生思想政治教育实效性的内涵及其影响因素

大学生思想政治教育的实效性贯穿于高校思想政治教育工作体系的各个环节，既是大学生思想政治教育的出发点，也是落脚点，只有不断地提高思想政治教育的实效性，才能更出色地完成高校思想政治教育的一系列工作和任务。"实效性"是指事物经过一定的活动过程以后，所产生的客观结果与预期的目标相比较，它所达到的真实有效的程度或状态，是对经过实践所取得实际效果进行的衡量。只有设立一定的标准才能同预期目标进行对比，简要来说，实现大学生的全面发展是大学生思想政治教育的基本目标和主要目标。大学生思想政治教育的目标是指在党的教育方针引导下，遵循学校思想政治教育规律和大学生成长成才规律，教育者根据社会的要求与学生的发展要求，通过思想政治教育活动使学生的政治素质、思想素质、道德素质、心理素质、法制教育在一定时期内达到预期结果。2004年9月，中共中央、国务院下发了《关于进一步加强和改进大学生思想政治教育的意见》，明确指出了新时期大学生思想政治教育的目标，即要以理想信念教育为核心、以爱国主义教育为重点、以思想道德建设为基础、以大学生全面发展为目标，解放思想、实事求是、与时俱进，坚持以人为本，贴近实际、贴近生活、贴近学生，努力提高思想政治教育的针对性、实效性和吸引力、感染力，培养德、智、体、美全面发展的社会主义合格建设者和可靠接班人。2015年1月，中共中央办公厅、国务院办公厅印发了《关于进一步加强和改进新形势下高校宣传思想工作的意见》，再一次明确加强和改进新形势下高校宣传思想工作的主要任务是：①坚定理想信念，深入开展中国特色社会主义和中国梦宣传教育，加强高校思想理论建设，加强具有中国特色、时代特征的高校哲学社会科学学术理论体系和学术话语体系建设，进一步增强理论认同、政治认同、情感认同，不断激发广大师生投身改革开放事业的巨大热情，凝心聚力共筑中国梦。②巩固共同思想道

德基础，大力加强社会主义核心价值观教育，把培育和弘扬社会主义核心价值观作为凝魂聚气、强基固本的基础工程，弘扬中国精神，弘扬中华传统美德，加强道德教育和实践，提升师生思想道德素质，使社会主义核心价值观内化于心、外化于行，成为全体师生的价值追求和自觉行动。③壮大主流思想舆论，切实加强高校意识形态引导管理，做大做强正面宣传，加强国家安全教育，加强国家观和民族团结教育，管好导向、管好阵地、管好队伍，坚决抵御敌对势力渗透，牢牢掌握高校意识形态工作领导权、话语权，不断巩固马克思主义指导地位。④推动文化传承创新，建设具有中国特色、体现时代要求的大学文化，培育和弘扬大学精神，把高校建设成为精神文明建设示范区和辐射源，继承和发扬中华优秀传统文化，促进社会主义先进文化建设，增强国家文化软实力。⑤立足学生全面发展，努力构建全员全过程全方位育人格局，形成教书育人、实践育人、科研育人、管理育人、服务育人长效机制，增强学生社会责任感、创新精神和实践能力，全面落实立德树人根本任务，努力办好人民满意教育。

这为思想政治教育的实效性指明了行动方向、提供了理论依据，实效性的强弱即是距离预期目标、主要任务的实现程度，但这种理解较为广而泛，不能精准地把握实效性的实现程度，因此，有学者对思想政治教育的实效性做了比较深入的分析，指出当前并无权威统一的表述，并且一般停留在"实效性"词面的理解，说法各异，并提倡从"思想政治教育实效性"这个复合词组入手，反映其预期目标和丰富内涵，指出高校思想政治教育的预期目标的特征描述为：①内在性——对思想政治教育的价值导向有认识、有记忆；②表达性——将思想政治教育的价值导向应用于实践活动；③延续性——思想政治教育价值导向对受教育者产生长期的影响。因此综合分析，将思想政治教育的实效性定义为"通过高效思想政治教育过程对大学生施加的影响，使大学生将思想政治教育的价值导向内化于思想（思想道德感知与信念）、外化于行为（思想道德应用与实践）、融化于习惯

(思想道德演化为自然的人格)，在知与行不断转化升华中，完成思想道德模仿向思想道德自觉的转变。它是涵括感性效果与理性效果、隐形效果与显性效果、近期效果与长远效果的综合评价"❶。实效性能够为大学生思想政治教育的得失提供实践标准，并成为推动大学生思想政治教育内容、目标、方法措施、运行机制等方面的强劲动力，不断改进，创新理念、拓宽途径，从而更好地服务于目标、实现目标。

　　随着时代的发展，思想政治教育的实效性愈发受到重视，及时发现新媒体为思想政治教育带来的新变化和新机遇，才能更好地把握时机、应对挑战。然而，影响思想政治教育实效性的因素具有广泛性，这种广泛性包括：社会与学校、学校与家庭，中小学与高校以及高校内各部门之间等等多方面因素，并且任何一种影响因素的变化或者其他因素之间相互矛盾和冲突，都会制约和影响大学生思想政治教育的实际效果，致使不能正常发挥功能，进而导致整个思想政治教育活动处于低效、无效，甚至是负效状态，这也就要求要把思想政治教育工作当做一项系统工程，使其内部相互协调统一，发挥合力。❷贝罗 SMCR 理论将传播过程分为四个环节，信源、信息、通道和接收者，将思想政治教育当做一个传播过程来看，不同的传播要素具有不同的特点，并各自受到不同因素的制约和影响，整个传播过程完整而统一，每一个环节出现问题势必会影响到下一个环节，进而影响整个思想政治教育工作的进展和效果，因此，提高思想政治教育工作的实效性就是要考虑各个传播环节在新的时代背景下可能发生的新变化，把握高校思想政治教育的主动性，趋利避害，迎难而上，提高实效性。本书后几章将从以下几个方面一一进行探讨，即作为组织和实施思想政治教育工作者、思想政治教育的内容、作为思想政治教育载体的通道和大学生群体。

---

❶ 何桂美.高校思想政治教育实效性的内涵及影响因素[J].党校建设与思想教育,2014(487):8-15.
❷ 渠长根.马克思主义中国化、大众化、时代化若干问题研究[M].北京:研究出版社,2011.

第五章　思想政治教育传播主体
——思想政治教育工作者

贝罗（David K. Berlo）在《传播的过程》一书中提出的 SMCR（Source Message Channel Receiver）模式，将传播过程分解为信源（source）信息（message）、通道（channel）、接收者（receiver），传播的最终效果由这四要素及它们之间的关系决定，每一要素也会受到自身因素的制约。本章中所提到的"信源"是指，在思想政治教育过程中，从事这一教育工作的队伍人员。信源处于传播链的开端，是信息的编码者，并与处于信息接收端的大学生形成反馈和转换。不同的教育工作者拥有不同传播技巧、教学态度、文化背景和知识技能等，因此教育工作者将直接影响思想政治教育实效性的实现。

贝罗提出，从信源和受者来看，至少有五个因素影响思想政治教育传播的效果。

（1）传播技巧。信源的表达技巧，语言文字能力，受者的接收技能均会影响传播效果。

（2）态度。信源和受者对传播主题是否喜爱，双方对于对方的态度等。

（3）知识。信源和受者的知识水平是影响教学效果的重要因素，双方是否具备丰富的知识。

（4）社会背景。不同的社会形态、社会地位、威信、影响力都会影响传播内容的认识和理解。

(5) 文化。传播者和接收者的学历、经历和文化背景。

贝罗在 SMCR 理论中将信源作为信息的传播源，继而推动整个传播链条的通畅，将此理论运用到思想政治教育工作中，足以体现出思想政治教育教育者的重要性。中共中央、国务院在《关于进一步加强和改进大学生思想政治教育的若干意见》中明确指出了思想政治教育工作者的重要作用。思想政治教育既是教育实践活动，也是一种信息传播过程。传播过程涉及的每个主体并不是单一的存在，而是会受到各种因素的影响。要提高思想政治教育的实效性，就要发挥每个因素的积极作用，综合促进每个主体在传播过程中发挥优势。从事大学生思想政治理论课和哲学社会科学教学的教学人员，通过课堂理论教学和课外实践指导，负责大学生的思想政治理论教育、思想品德教育和人文素质教育，提高大学生的思想政治理论素养。课堂是包含了多种传播模式在内的一项传播活动，在新媒体环境下，如何提升课堂教学感染力、提高课堂效率成为高校面临的一个挑战。辅导员的日常管理工作与思想政治理论课是与大学生接触最频繁的两个主体，因此本章信源侧重于思想政治教育的教育队伍，探析其在教学传播过程中的影响因素，提出了新媒体环境下思想政治教育工作者面临的新变化，以及如何应对新变化。

一、大学生思想政治教育队伍的含义及类型

思想政治教育工作队伍是加强和改进思想政治教育的组织保证。在我国，大学生思想政治教育队伍指主要承担、组织、发动和实施大学生思想政治教育活动的不同个体组成的群体，主要包括党政干部和共青团干部、思想政治理论课和哲学社会科学教师、辅导员和班主任及其他教职工等。从工作职能划分，思想政治教育工作队伍可分为大学生思想政治教育专家队伍、思想政治教育管理队伍、思想政治教育教育队伍、思想政治教育教学队伍和其他队伍。大学生思想政治教育专家队伍，是指在全国或一个省

（市）的一批德高望重学术造诣深厚、学术成果丰硕的思想政治教育学科领域的领军人物。大学生思想政治教育管理队伍主要包括各级学校党政领导、学生工作职能部门的教育管理人员、共青团成员和院系分管学生工作的领导等其主要职责是对学生思想政治教育工作的领导、组织、协调和管理。大学生思想政治教育教育队伍，是指具体从事思想政治教育或管理工作的人员群体，主要包括学校一般党政干部、共青团干部、辅导员和班主任等。大学生思想政治教育教学队伍，指从事大学生思想政治理论课和哲学社会科学教学的教学人员群体，主要通过课堂理论教学和课外实践指导，负责对大学生进行思想政治理论教育、思想品德教育和人文素质教育，以提高学生的思想政治理论素养。大学生思想政治教育其他队伍，包括高等学校其他各门课程教师、职工和具有自我教育职能的学生群团组织。按照专职、兼职作为标准划分，可分为专职大学生政治思想教育队伍和兼职大学生政治思想教育队伍。按年资作为标准可划分为高年思想政治教育队伍、中年思想政治教育队伍和青年思想政治教育队伍。❶

二、运用贝罗 SMCR 理论分析影响思想政治教育者的传播因素

按照贝罗 SMCR 理论，思想政治教育活动符合信息传播过程包括：教育者既信源、教学内容即信息、教学媒介即通道和受教育者即信宿。概括来讲，思想政治教育传播活动的教育者一般是指拥有一定思想政治教育信息的人或者组织。他们利用传播手段，按照特定的传播目标传递思想政治教育的内容，在信息选择与处理上具有"把关"作用和优势地位。而课堂教学是一种特殊的信息传播活动，思想政治理论课教师作为传播主体，自身会受到各方面亚音速的影响和制约。在这里，以高校内从事课堂教学的教

---

❶ 雷随斌. 新时期大学生思想政治教育队伍建设研究[D]. 西南大学,2008.

师为例，作为信源，按照贝罗 SMCR 传播理论，需要考虑传播技巧、态度、知识、文化和社会背景几个因素。

传统的思想政治教育活动相对而言理论性较强，这就对从事思想政治教育活动的教师提出了更高的要求。教师要充分调动学生的学习积极性，真正聆听和践行思想政治教育的内涵。在教育传播过程中，教学活动可能会受到各种干扰信号的影响，如教师语言表达不清晰、学生课堂讲话或不认真听讲、多媒体音响或画面差等因素的干扰，教师要积极创造条件，排除这些不利的信号干扰。同时，不论是课堂教学还是课下交流，教师都必须讲究传播方式和技巧，将交流技巧融入思想政治教育中，使学生更好地领会思想政治教育的内涵。教师在具体的教学过程教中，能够使语言清晰地传达观点，思维缜密，有逻辑性地诠释道理，将抽象的语言变得更为具体和形象。教师通过举例子、讲道理等方法帮助学生排除不良的思想动向，通过敲警钟等方法警示学生要在校规校纪的范围内行事，树立良好的思想品德。在处理具体的繁杂小事中，教师可以晓之以理，动之以情，注重传播技巧的运用。交流时逼真的表情和自然的肢体语言，让可以学生能够坦诚地感受到教师的良苦用心。这些客观公正的教育动机和处事风格，对于学生接受教师的观点十分重要，从而能增强传播效果。

从传播者的态度来讲，从事思想政治教育工作的教师要喜爱自己所从事的工作，要热爱思想政治教育工作。折射到学生身上，就是对学生认真负责，对学生有足够的了解，有明确的传播目标，能为每一次思想政治教育主题班会或其他形式的活动都做出充分、认真的准备。

知识是教师进行传递的最根本的内容，没有知识就没有教学内容，教学活动也就无从谈起。从事思想政治教育工作的教师不但自身要具备最基本的马克思主义理论修养，还要对思想政治教育工作的内容有精准的把握，精通自己的专业知识；同时，能不断充实自己，用开放、发展的眼光看问题，让思想政治教育跟上时代发展潮流，体现时代精神。在当下，高校要加强学生素质教育、爱国主义教育、公民道德教育，社会主义和谐社会的理论教育等，这是针对高校受众的时代特点不断丰富的时代内容。思想政治教育的内容是发展的、开放的和包容的理论体系，是马克思主义的理论体系在现实中的具体体现之一。教师要学会用最新的知识武装自己，将最先进、最新鲜的学科知识传递给学生，帮助学生解决他们面临的最新问题。当然，教师能够广泛涉猎其他学科也是很有必要的，它能够使教师的授课内容更加丰富，更有广度与深度，利于学生理解，便于学生接受观点与知识。

广义上的思想政治教育的主体可以是"记者、编辑、评论员、播音员、主持人和编导等，也包括非传播机构的撰稿人，如专家、学者、教师和演员等"❶。其中，有些是大众媒体、新媒体的活跃人物和公众人物，有些是校方特地邀请的专家、讲师等。这些教育者能潜移默化地影响大学生价值观的形成，但由于教育主体具有不同的文化和社会背景，即使拥有相同的教学资源和教学设备，面对相同的教育对象，其教学效果也不尽相同。一般越具有权威、知名度越高，信服程度也越高，他们精专于某学科知识或具有渊博的知识和严谨的治学态度，这些都是其权威性的来源。高校可以通过邀请名人、专家等形式，让思想政治教育活动丰富起来，运用"名人效应"增强说服力和传播效果，让接受思想政治教育的学生更为主动和积极。

三、当前思想政治教育工作的教育者队伍现状——以辅导员为例

在思想政治教育主体中，不可或缺的力量之一便是高校辅导员。探讨新时代对教育传播主体提出的新要求，首先应对高校辅导员的基本状况和

---

❶ 张高桢.传播学视域下的思想政治教育实效性研究[D].安徽工业大学,2011.

职业素养进行了解。笔者于2014年在承担北京印刷学院工会课题研究时曾进行过高校"80后"辅导员职业道德素养调查分析（详见本章附件1）。从当时的分析来看，"80后"辅导员已经成为高校思想政治教育队伍的中坚力量，成为负责大学生日常生活行为管理工作和思想政治教育的重要师资力量。他们担任着培养大学生成长和成才的重任。当时的课题以北京地区部分高校的"80后"辅导员为调查对象，对其职业道德素养进行了问卷调查。调查对象的基本信息、综合职业素养如表5-1、图5-1所示。

表5-1 调查对象基本信息

统计指标	分类标准	数量（人）	有效比例（%）
性别	男	67	36.81
	女	115	63.19
政治面貌	中共党员	181	99.45
	共青团员	1	0.55
	群众	0	0.00
	其他党派	0	0.00
民族	汉族	165	90.66
	少数民族	17	9.34
学历	博士后	0	0.00
	博士	7	3.85
	硕士	167	91.76
	本科及以下	8	4.39
职称	教授	0	0.00
	副教授	0	0.00
	讲师	115	63.19
	助教	67	36.81

续表

统计指标	分类标准	数量（人）	有效比例（%）
行政级别	副处级及以上	9	4.94
	主任科员	59	32.42
	副主任科员	77	42.31
	科员及以下	37	20.33
专业	思政教育相关专业	49	26.92
	其他专业	133	73.08
从事辅导员工作年限	5年以上	76	41.76
	3~5年	67	36.81
	3年以下	39	21.43

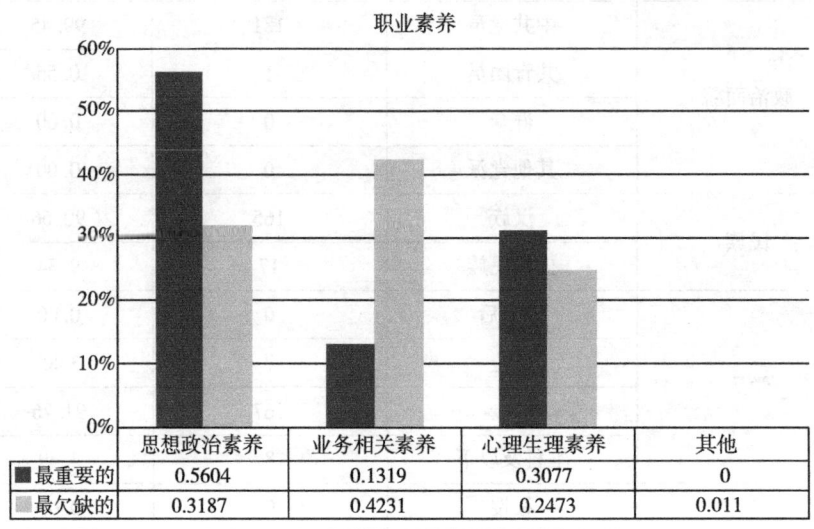

图 5-1 综合职业素养调查

在综合职业素养调查中，大部分被调查的辅导员认为思想政治素养最重要，占到了 56.04%；认为业务素养最重要的只占 13.19%。在"认为最欠缺的职业素养"调查中，42.31% 的辅导员认为业务相关素养是他们最欠缺的，其次是思想政治素养。由此可以看出，虽然辅导员认为思想政治素养在职业素养中是最重要的，但并不是最欠缺的，这与辅导员入职条件是有关的。辅导员招聘的要求原则上都必须是中共党员，所以思想觉悟相对来说都较高。调查显示，绝大多数辅导员认为业务相关素养相对欠缺，这与大多数辅导所读专业均非思想政治教育专业有关系。此次调查只有26.92%的辅导员是思想政治教育专业毕业的。业务素养直接关系到辅导员工作能力的高低，辅导员不但要具备知识素养，还要加强相应技能，如通用技能和特殊技能。通用技能包括"沟通交流技能、激励引导能力、组织协调能力、指挥策划能力"；特殊技能包括"突发事件应对处理能力、心理辅导能力、职业生涯规划能力、情绪压力管控能力"[1]。新媒体时代的到来为思想政治教育工作者提出了更高要求。作为思想政治教育内容的传播者，要不断地积累知识、加强实践能力，从而更好地胜任工作。

四、新媒介环境下教育传播主体出现的新变化

面对外部的新媒介环境，思政教育传播主体也在不断地发生变化。本次调研从思政教育传播的两个主体团队（辅导员和思政专职教师）的层面以问卷调查的形式（详见本章附件3和附件4），结合思政教育传播客体——大学生的反应（详见本章附件2），对思政教育传播主体出现的新变化进行了分析（具体分析见本章附件5）。

1. 调查对象的基本情况

调查对象分为三类群体：大学生、思政理论课教师和辅导员，后两者为思政教育的两大主力。针对这三类群体分别发放问卷200份。其中，针对大学生反馈效果的问卷共收回有效问卷189份，有效率为94.5%；针对辅导员的共回收有效问卷193份，有效率为96.5%；针对思政教师的共回收有效

---

[1] 邹惠. 高校辅导员的业务能力建设[J]. 高校辅导员学刊,2011(2):14.

问卷179份，有效率为89.5%。

调查显示，基本情况稍有不同。思政理论课教师以男性居多，辅导员以女性居多。在年龄上，辅导员相对年轻，以"80后"为主，因而工作时长相对较短；而理论课教师集中在"80后""70后"，因而工作时长相对较长，富有经验。在学历上，理论课教师整体偏高于辅导员，理论课教师拥有硕士生、博士生学历的达92%，辅导员为80%。

2. 对于新媒体的看法

不论是思政理论课教师还是辅导员，都认同新媒体已经对大学生产生较大影响，且辅导员更倾向于认为影响程度很深。71%的辅导员认为"影响很大"，而只有不到1/2的大学生认为"影响很大"，还有一部分大学生认为只是有一定的影响。由于大学生所处的年龄一般比教师和辅导员能更快速地接受新事物，因而并不认为影响很大；但作为教师和辅导员，能够明显地看到大学生使用新媒体前后的对比，因而感触更深，结论相对比较客观。

思政理论课教师和辅导员都认为新媒体给大学生带来了消极影响，受网络思潮影响，学生价值观更加多元化，不好引导，进而加大了工作难度。消极影响存在多个方面，如网瘾问题、心理问题、学生自我管理能力等方面。

不论是思政理论课教师还是辅导员，均认为媒体已经对自身工作产生了较大影响。而在使用新媒体的时间分配上，两者都将获取实用信息、了解时事作为主要目的。部分教师和辅导员也会将新媒体作为学习工具，从中学习知识。而在其他功能上，教师将更乐意使用新媒体的通信功能，而辅导员则更加看重新媒体的休闲娱乐功能，且在消磨时间、交朋友和展示自我等方面均比教师相对活跃。这也和两者的工作内容、工作要求、年龄、性格特征等方面的不同有关。

新媒体在工作上带给思政理论课教师和辅导员的机遇是不大相同的。

对于思政教师，它可以拉近双方距离，增进双方情感的作用最为明显，而辅导员在便捷师生沟通，减少工作压力上的作用更大。此外，新媒体元素的加入，一定程度上提升了思政教育者的工作效率，也提高了他们的工作兴趣和工作热情。

由于辅导员经常使用网络和新媒体工具进行思政教育工作，尤其在传达信息、引导学生方面，因而辅导员认为新媒体的"即时交互性"致使传统的单向引导模式的失灵；而对于思政理论课教师，通过课堂表现和了解，认为大学生在"价值选择判断"方面影响较大，容易出现偏离或迷失的状况，丧失话语权的影响也是存在的。这也是双方从自身出发所得出的结论。从中可以看出，新媒体对于思政教育工作者的机遇和挑战是并存的。如何趋利避害，掌控主动权十分重要。而两者也都愿意接受挑战，认同应当将新媒体作为思政教育的新载体、新平台，开拓思政教育新领域。在实际工作中，新媒体会受到各种因素的制约，影响工作顺利进行。在思政理论课教师和辅导员中，他们认为"技术能力""观念问题""时间问题"是制约其运用新媒体开展工作的重要因素。此外，辅导员的"时间问题"比"观念问题"更加紧迫，这同辅导员相对年轻、工作时长较长的现实情况有关。两者也都将"技术问题"作为首要制约因素，因而提高思政教育者的新媒体运用技能势在必行。

3. 接触和使用新媒体的情况

网络新媒体和手机新媒体是思政教师和辅导员最常使用的新媒体形式。而在大学生中，手机新媒体更受欢迎。67%的大学生会使用手机新媒体，其百分比远高于思政教师和辅导员的36%、39%。辅导员已经渐渐将新媒体工具作为思政教育的载体之一加以运用，如加强学生沟通、关注学生最新动态和进行心理辅导等，新媒体也发挥了较好的作用。以课堂教学作为主要任务的思政教师，相较辅导员而言，认同运用新媒体与学生进行交流，并可以做出尝试，且教师们更乐于将生动、形象的视频、动画和音视频等媒体形式融入课堂，丰富课堂内容，提升学生兴趣。但不论是思政教师还是辅导员，他们大多认为自己的新媒体技术能力一般甚至较差，并且乐意去参加相关的培训活动。有些高校比较重视对思政教育者们新媒体技能的培训工作，且鼓励他们运用新媒体进行相关工作，并设有激励措施。但不得不指出，有些高校只做了表面功夫，并没有把新媒体的培训活动和鼓励措施落到实处，教育者们的积极性没有被调动起来。还有些高校本来就对新媒体不够重视，缺乏支持发挥新媒体平台作用的外部环境。

辅导员如果可以运用微博、博客和微信公共账号等形式开展思想政治相关的主题，那么思想政治教师就可以进一步加强与大学生的联系，走出课堂，使用新媒体传递知识、加强交流，发挥新媒体的载体功能。

新媒体也给思想政治教育者带来了难题。辅导员的个人时间和精力有限，琐碎、沉重的学生日程管理工作已耗费了辅导员们的巨大精力，再让他们挤出额外精力进行新媒体创新工作，尤其在不熟知技能的情况下，反而会降低工作效率，增加工作压力。同样，对于思想政治教师而言，传统课堂的教学模式将逐渐失去吸引力，学生参与度低，课堂中"低头族"十分常见此外，学生思想多元化，个性鲜明，教师们在做学生工作时容易力不从心，因而难免有教师职业认同感低，较难提起工作热情。不少学生认为现行思政理论课堂教学效果一般，教师主导，学生只是简单地参与。目前依然是教师主体的教学模式，"填鸭式"教学也依然存在。这也和教师的角色定位紧密相关。调查发现，44%的教师充当以指导为主的平等交流者，而43%的教师认为自己是教学的监督者，且仍有13%的教师认为自己仅仅是知识的灌输者，因而灌输式的学习方式，很难调动学生的积极性，这也成为学生所认为的当前思想政治课堂上出现的最主要的问题。监督者和灌输者不利于双方平等关系的建立，更不利于知识的有效接收。当然，这也是思政教师一直在努力尝试改变的局面，如将音视频等新媒体贯穿课堂教学中、邀请专家、开展讲座等形式；还可以继续发展新媒体教学，形成一套完备、有效的教学方案，提高思想政治教育的实效性。

五、新媒介环境下对教育传播主体提出的新要求及应对策略

新媒体是建立在数字技术之上，利用计算机、手机和数字电视等移动终端为人们提供信息和服务的传播载体。新媒体的形态多种多样，可以是门户网站、即时通信工具、微博、博客、网络视频和游戏等，它对社会的影响越来越广泛。新媒介以其交互性、开放性和平等性等特性深入渗透到校园生活的方方面面。大学生群体是新生事物的积极探索者，他们成为新媒介使用者的重要组成部分之一。思想政治教育作为一种特殊的信息传播活动，一定要把握和尊重新媒介环境下思想政治教育的传播规律，发现新变化，适应新变化，变被动应对为主动创造，充分发挥教师作为思想政治教育的主导作用，更加游刃有余地应对新环境下提出的新挑战。

1. 更加重视传播技巧在教育中的作用

课堂是思想政治教育的主渠道，这种面对面的交流亲切而真实，能够拉近双方的距离。教师的语言表达是否清晰、文字写作是否规整、肢体动作是否自然流畅都成为课堂上是否能调动起学生兴趣的重要因素。教师在教学中的传播技巧尤为重要，尤其是新媒介的低门槛和开放性的特点很容易使学生的注意力由"课堂"转到"线上"，甚至用一部手机就能打发整个课堂。这不但会大大挫伤教育者的积极性，也不利于学生学习知识。此外，两者不能实现同一平台的有效互动，出现"教师课堂独秀，学生自娱自乐"的尴尬局面，并使教学出现错位，课堂教学的效果大打折扣。高校思想政治教育是教师传递一定的思想观念、政治观念和道德规范，对学生施加有目的、有计划、有组织的影响。为了更加有效地达到传播效果，除了语言表达、思维和动作等方面要做到位，还要掌握一定的说服技巧，增强课堂的传播效果。

学生作为受教育者，是课堂教学的目标受众，也是思想政治教育的核心。传播技巧能够帮助教师在传授知识的过程中，将正确的价值观念、教育观点和知识传递给学生，并在说服性传播活动中更有效地达到预期目的。学生学习知识会受到年龄、性别、自身经历、成长背景和学习能力等各方面因素的影响，教师要能灵活掌握"一面提示"与"两面提示"的说服技巧，以增强说服效果。"一面提示"是向说服对象仅提示己方观点或对自己有利的观点；"两面提示"是双方的观点都要提及，包括对自己不利的内容。对于不同类型的知识，教师要能灵活运用，发挥"一面提示"简洁明确的优势，重视"两面提示"在长期宣传中的说服作用。例如，当教师在对学生进行心理问题疏导或宣扬某种价值观念时，对某一观点持赞成态度的同学来说，"一面提示"的说服效果大于"两面提示"；而对于某一观点持反对态度的学生来说，"两面提示"的效果要大于"一面提示"。两种方法的具体效果与说服对象的原有态度和文化水平有关。大学生属于文化知识程度较高的群体，一般来说，"一面提示"对文化水平低的人说服效果较好，但也要辨别学生的具体认知能力，不能一刀切。而"两面提示"能够弱化学生的逆反心理，由于它包含了正反两方面的观点，以后学生在遇到对方的观点时，拥有较强的抵抗力，这也被称为"免疫效果"。两种方法各有其优势，教师若要达到最优的传播效果，就要充分了解大学生群体，端正传递知识的动机。教师应在思想政治教育活动中，根据教育对象的实际情况和具体教育内容来选择具体的方法。

"明示结论"与"寓观点于材料中"也是教师在具体教学过程中常常运用到的说服方法。"明示结论"是指把说服的意图直接、明确地告诉受众，即教师传递知识和观点比较明确、直白和简洁；"寓观点于材料之中"即"暗示结论"，不明确揭示结论，而是用间接、含蓄的方法对受众进行说服和引导。网络已成为大学生获取信息的重要渠道，但其中不乏虚假信息、不良信息和垃圾信息等。教师应对学生产生的信息焦虑、信息困扰及时干预。例如，采用"明示结论"的方法给予明确解读；对不能明辨是非、辨别信息真伪的大学生给予足够关注；对违背思想道德、校规校纪的行为做到防微杜渐，从教学之初就要明确指出其危害，甚至可以通过"敲警钟"的方法警示学生。在平常的教学中，教师要能根据学生的接受能力和知识的难易程度来选择说服方法。"明示结论"适用于论题、论旨比较复杂的场合或文化程度较低的人群；"寓观点于材料中"适用于文化水平较高或论题、论旨比较简单的场合。因此面对不同的题目和群体，教师要能恰当选择、灵活应用。

"诉诸理性"与"诉诸感情"是教师在课堂教学和课下交流中经常会用到的交流技巧，通过摆事实、讲道理的方法，运用理性或逻辑的力量达到说服目的称为诉诸理性；通过营造某种气氛或使用感情色彩强烈的言辞来感染对方以达到既定的效果称为诉诸感情。"动之以情、晓之以理"综合运用两种方法，往往能够打动他人，达到既定的传播效果。新媒体营造的认知环境十分动形象、生动，文字、图片和视频应有尽有，更容易吸引大学生网上获取材料。教师要在充满吸引力的新媒体面前增强自身的传播技能，能够用讲身边故事的方式通过娓娓道来的描述来征服大学生群体，运用故事将其引领到思想政治教育的内容上。"思想政治教育的内容对于个体来说通常都是十分机械和死板的，没有考虑到个人的具体情况，因此要适当地把针对各个大学生特殊情况的内容加到思想政治教育之中，并辅之以一定的情感内容，由此沟通思想政治教育内容和个人之间的联系，实现思想政治教育的亲情化和个性化。"❶ 教师不仅肩负着传递马克思理论教育、三观教育、创新精神和艰苦奋斗精神等教育的重任，还要顾及大学生日常生活，解决大学生的实际问题。可以说，教师时时刻刻都在和学生打交道，那么打交道的方式就显得尤为重要。怎样能够让学生在老师的交流中把握思想政治教育的精髓，也是一种艺术。只有在适当的时候选择适当的说服方法，

---

❶ 方文,黄荣华.网络环境下思想政治教育的实践探索[M].北京:中国水利水电出版社,2013.

才能更好地达到传播效果。

2. 宏大叙事向日常叙事转变

新媒介创造了开放性的教育资源，不仅突破了时间和空间限制，还突破了教育内容和对象的限制，给大学生创造了广阔的学习环境。海量丰富的信息资源不但能够使大学生关注最新资讯、了解社会热点，还可以让他们接触到多元的文化，并使其眼界更加开阔，知识结构更加完备。新媒介使学生对于思想政治教育理论和材料的获取变得尤为简单，尤其是相对固定的理论知识，教师拥有信息资源的优势逐渐被削弱。在这种情况下，教师要能够积极应对，减少课堂上泛泛而谈的理论灌输，尊重学生的求知欲望，了解学生的认知情况，将宏观叙事变得生动、具体，将其融到日常生活，充分发挥好教师的编码能力和信息处理能力。

高校思想政治教育者是拥有较高思想政治教育理论素养，从事思想政治教育工作的教师。教师自身的理论理解与思考属于体内传播，不能够对外传播也就无法传递教育内容，因此要将自身内部语言转化为社会公认的特定的语言符号。语言编码能力就是将思维通过语言符号进行外化的能力。信息的传播能否取得预期效果，与信源的编码能力密切相关。在传播过程中，教师要能够将信息转换成可被学生感知的信息形式。思想政治教育的众多内容都是理论性质的，教师需要积累一定的语言知识和教学用语，能够完整、清晰地进行表达，并不违背语言的思维规律。此外，最好能够创造性地运用语言进行向外的阐释，这是教师备课是否充足的一个表现。教师编码能力的强弱直接影响传播内容与传播效果。它是使学生获得信息的条件，只有恰当的编码，才能吸引受者的注意力，引发大学生汲取知识的兴趣，提高参与的积极性。高校思想政治教育的目的是为了提高大学生的思想道德修养和政治法律素质，然而在获取信息如此便捷的信息时代，大学生并没有充分重视思想政治课程的重要性。众多学生只是为了取得学分而无太大学习热情去应对课堂提问、期末考试。他们有疑问便依赖网络工具进行查询，很可能只是为了应对考试而进行机械记忆，并没能充分理解思想政治教育的内涵，发挥其该有的导向性作用。这就对教师的编码和信息处理能力再次提出要求。在新媒介环境下，教师要发挥新媒介拥有海量信息资源的优势，将繁杂的信息资源进行选择、取舍和再创造，并将其展现到学生面前。如果只是简单地将网上资料搬迁到课堂上，难免会空洞、乏味，尤其是学生拥有了资料查找渠道以后，教师的信息处理能力更加受到考验。通过强大思维信息处理能力，找准学生的兴趣点，并将其融进日常生活场景进行讲解。要摒弃"假、大、空"的灌输方式，从繁多的信息中精准地挑选实用案例、图片和文字等进行课堂教学，把复杂抽象的知识转化为简单形象的知识，从宏观叙事转向日常叙事。此外，还应灵活运用信息，增强信息选择能力和创造能力，充分发挥教师在思想政治教育工作中的主导作用。在新媒介环境下，高校的教师不能停留在传统的拥有信息资源的优势地位，要敢于突破自我、挑战自我，提高信息编码能力和信息处理能力，加强思想政治教育的针对性和灵活性，从而提升传播效果。

在新媒介环境下，思想政治教育由宏大叙事转向日常叙事还表现在教师在与学生交流的具体活动中。它和课堂教学相辅相成，共同构建了日常叙事的话语模式，拉近了师生距离，促进了教育的实效性。随着新媒介时代的到来，高校思想政治教育载体和渠道大大拓宽，"碎片化"教育的特点不断凸显，在思想政治教育上的表现尤为明显。如班级QQ群、微信群成为即时通知最新消息的有力工具。它们在传达校方最新通知、校园活动、学术讲座等方面十分实用，也创造了教师与学生一对一交流的机会，让话语交流更加生活化、日常化，弱化了人际交往时可能存在的交流障碍，交流内容不再像课堂上那样固定和刻板。在线交流的涉及面更为广泛和灵活，使教师和学生的表达变得更加亲切。

3. 在思想政治教育工作中脱颖而出，增强传播信服力

目前来看，不论在理论上还是实践上，教师仍然是思想政治教育的发

动者、组织者和实施者。教师能不能有效地进行思想政治教育是其发挥主体性的重要表现，也制约整个思想政治教育工作的过程，决定思想政治教育工作的效率和效果。要充分发挥教师在思想政治教育工作中的主体性作用，就要在实际的教学工作中脱颖而出，成为大学生备受青睐的传播者，成为高校中的教学名人，在思想政治教育中形成独特的教学风格，拥有个性特征的教学模式和人格魅力，从而更好地影响大学生的思想和行为，能够使学生十分乐于倾听教师的教学内容，听从教师的忠言，从而潜移默化地达到教育传播目的。如"权威"效应，当教师通过不断钻研专业知识，精通某学科知识或谙熟于某项技术，成为师德高尚德才兼备的教师时，往往更容易获得学界认可，获得更高的职位。这样的人一般拥有较高的地位，受人尊重与崇拜，学生更容易将其作为楷模进行学习，并很乐于自愿接受其传授的观点和知识。因此，教育者的形象与威望在思想政治教育中的作用十分重要，教师在工作中要积极上进，敢于树立个人权威，提升个人地位与声望。

　　思想政治教育传播者个人的威信度、可信度会对受传者产生心理影响，进而影响传播效果。1953年，霍夫兰与凯尔曼进行了信源的可信度与说服效果的实验。结果表明，传播主体的可信度越高，说服效果越好；可信度越低，说服效果越差。教师提升自身的可信度十分重要，教师要加强理论学习，在开放和发展的思想政治理论体系中融入时代精神和创新精神，用最新的科学成果武装自己并将其传递给学生；具备完备的思想政治教育理论修养，拥有良好的品德素养，以身作则，无形中形成良好的模范带头作用；提升个人魅力，展现名师风采，在教学中形成独特的教学风格，赢得学生喜爱；尊重学生的个性特征，平等地与学生沟通交流，正确处理好师生之间的关系。

4. 提高计算机掌握能力和新媒介的应用能力

　　在新媒介环境下，建立思想政治教育的专业团队，最关键的是要培养一批既懂思想政治教育艺术，又懂新媒介应用技术，德才兼备的优秀的传播者。中共中央办公厅文件《关于加强网络文化建设和管理的意见》中指出："要加强网络文化队伍建设，建立一支具备高素质、熟悉党的宣传文化工作、掌握网络传播技术，富于开拓创新精神的复合型网络宣传文化队伍"。高校思想政治教育工作不是零散的、短期的工作，而是系统的、需要长期坚持的一项重要工作，是培养大学生政治素养、思想道德素养、法纪素养、心理素养的系统性教育过程。思想政治教育不容忽视，思想政治教育者的要求也需要相应提升。尤其在网络和新媒介迅猛发展的态势下，思想政治教育工作者更要积极迎接挑战，迎难而上。课堂教学作为思想政治教育的主阵地，思想政治教育的教师必须再次发挥培养高素质人才的能力，在传统的思想政治教育系统性工程中，兼备计算机和新媒介应用能力的教师才能，彰显媒介优势，促进思想政治教育的发展。

传统意义上的思想政治教育是相互协作、共同教育的系统化工程，表现在以思想政治理论课教师、学生工作部门和党团组织为思想政治教育的主力，公共教师、行政人员、学生骨干等为有力补充。同时，校园网站、广播、报刊和新型网络媒体等形式配合思想政治教育，与其形成了相对完整的工作体系。思想政治教育的形式主要依靠人际传播和组织传播，如课堂教学、听讲座、作报告、谈心和参观访问等，这些在过去及现在都发挥着重要的作用。但不容忽视的是，在信息科学技术飞速发展的信息时代，网络和新媒介的迅猛发展，传统的思想政治教育传播活动作为信息传播渠道之一，不可能产生同过去一样强大的影响。网络和新媒介已经对传统的思想政治教育形成冲击，只有正视新媒介对传统教育信息优势地位的挑战，才能变被动为主动，使新媒介成为思想政治教育的利器，发挥其积极作用。

美国社会心理学家伯鲁在研究教育者本身的威信时，得出如下结论。决定教育者威信的因素包括三个方面：一是教育者对人的态度，即可信性因素；二是教育者的业务水平，即专业性因素；三是教育者的表达能力，即表达效果。教育者的威信与说服效果呈正相关,教师想要达到既定的传播目标,一定要主动适应当代信息社会。教师的业务水平不仅体现在知识理论素养上,计算机和新媒介的应用能力也成为必须。提升计算机和新媒介的运用能力,网络技术素质的高低直接关系到教学水准,校园现代化水平和学生对于新媒介的广泛应用已经对教师提出新的要求。在新媒介环境下,网上学习、网上办公已经成为一种潮流和趋势。作为具有时代精神、创新精神的思想政治教育的传播者来说,一定要树立终身学习的意识,学会运用将互联网作为学习、工作的辅助工具。不但应加强自身思想政治素质,还要努力掌握现代化教学设备和教育技术,熟练运用电脑设备和各种应用软件、办公软件提高教学质量,从而提升教学效果。只有具备较高的新媒介运用技能素质,才能更好地发挥新媒介为思想政治教育带来的益处,从网络和媒介中获得更多的思想政治教育信息,贴近学生生活,掌握学生动态,及时发现问题,解决问题。掌握了新媒体技术还有利于及时监控网络信息的传播,采用一定的技术手段从源头上阻拦负面信息的传播;运用计算机操作技能过滤危害信息,加强正面积极的思想政治教育,占领网络阵地;运用微博、博客和红色网站等多种媒介形式实现信息传播,提高思想政治教育的实效性。

附件 1

高校"80后"辅导员职业道德素养调查分析

摘　要：通过对辅导员的职业素养、师德状况、职业心理的现状和自我发展调查等四个方面问卷调查，分析当前高校"80后"辅导员职业道德素养所呈现的特征并提出相关的思考和措施。

关键词："80后"辅导员；职业素养；师德

"80后"辅导员已经成为高校思想政治教育队伍的中坚力量，辅导员职业道德素养的高低直接影响学生的成长和成才。"80后"群体是在中国经济社会发生转型和快速发展中成长起来的，具有鲜明的群体特征。因此，对于"80后"辅导员职业道德素养的调查十分必要。为了解"80后"辅导员职业道德素养，本次调研对北京地区部分高校"80后"辅导员的职业素养、师德状况、职业心理的现状和自我发展调查等四个方面进行了深入调研。

一、调查情况

1. 调查基本信息

本次问卷调查的对象是北京地区部分高校的"80后"辅导员。调查共发放问卷 200 份，收回问卷 187 份。其中，有效问卷 182 份，有效率达到 91%，样本具有代表性。此次问卷对调查对象进行了基本信息调查，其中包括"80 后"辅导员的性别、政治面貌、民族、学历、职称、行政级别、专业，以及从事辅导员工作年限等。

从调查情况来看，女性辅导员明显偏多，占到了样本比例的 63.19%；少数民族辅导员的比例不高，仅占到样本比例的 9.34%；在政治面貌调查中，基本上所有的专职辅导员都是中共党员，党员比例达到了 99.45%，这可能与专职辅导员的工作性质有关，基本上所有学校在招聘时都对辅导员的政治面貌有所要求；学历方面，博士及以上学历的辅导员比例占 3.85%，大部分辅导员均为硕士。

从样本数量来看，本次调查的辅导员绝大多数均工作三年以上，大部分被调查的"80 后"专职辅导员为中级职称，没有一位"80 后"专职辅导员具有高级职称，初级职称比例也占到样本比例的 36.81%。对与之相对应的行政级别调查显示，大多数辅导员为主任科员和副主任科员，副处级及以上职称人数很少，仅占到样本比例的 4.94%。在辅导员在校所学专业调查中，只有 26.92% 的辅导员是思想政治教育等相关专业科班出身，绝大多数辅导员都是其他专业毕业。详见表 1 所示。

表 1 调查对象基本信息

统计指标	分类标准	数量（人）	有效比例（%）
性别	男	67	36.81
	女	115	63.19
政治面貌	中共党员	181	99.45
	共青团员	1	0.55
	群众	0	0.00
	其他党派	0	0.00

续表

统计指标	分类标准	数量（人）	有效比例（%）
民族	汉族	165	90.66
	少数民族	17	9.34
学历	博士后	0	0.00
	博士	7	3.85
	硕士	167	91.76
	本科及以下	8	4.39
职称	教授	0	0.00
	副教授	0	0.00
	讲师	115	63.19
	助教	67	36.81
行政级别	副处级及以上	9	4.94
	主任科员	59	32.42
	副主任科员	77	42.31
	科员及以下	37	20.33
专业	思政教育相关专业	49	26.92
	其他专业	133	73.08
从事辅导员工作年限	5年以上	76	41.76
	3~5年	67	36.81
	3年以下	39	21.43

2. "80后"辅导员职业素养调查

2.1 综合职业素养

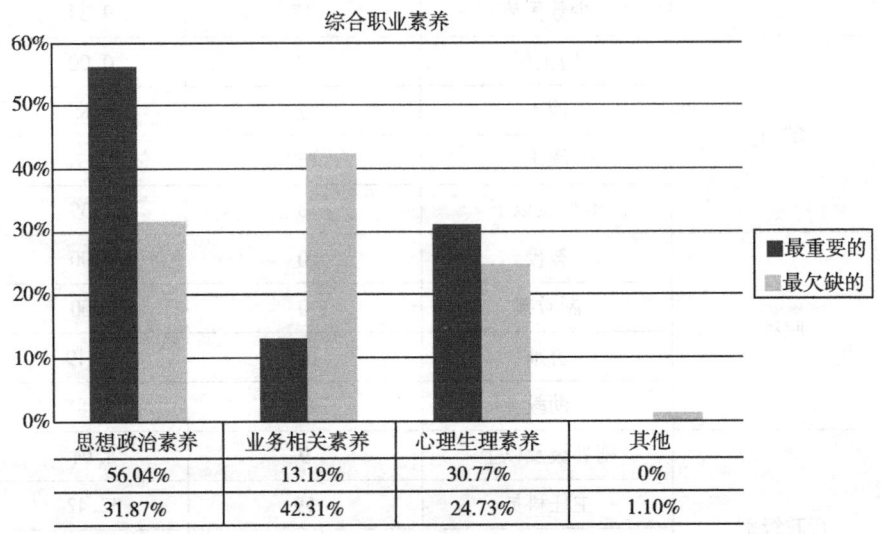

在综合职业素养调查中,大部分被调查的辅导员认为思想政治素养最重要,占到了56.04%;认为业务素养最重要的只占13.19%。在认为最欠缺的职业素养调查中,42.31%的辅导员认为业务相关素养是他们最欠缺的,其次是思想政治素养。由此可以看出,虽然辅导员认为思想政治素养在职业素养中是最重要的,但并不是最欠缺的,这与辅导员入职条件有关。辅导员招聘的要求原则上都必须是中共党员,所以思想觉悟相对来说都较高。调查显示,绝大多数辅导员认为业务相关素养相对欠缺,这与大多数辅导所读专业均非思想政治教育专业有关系。此次调查只有26.92%的辅导员是思想政治教育专业毕业。

2.2 思想政治素养

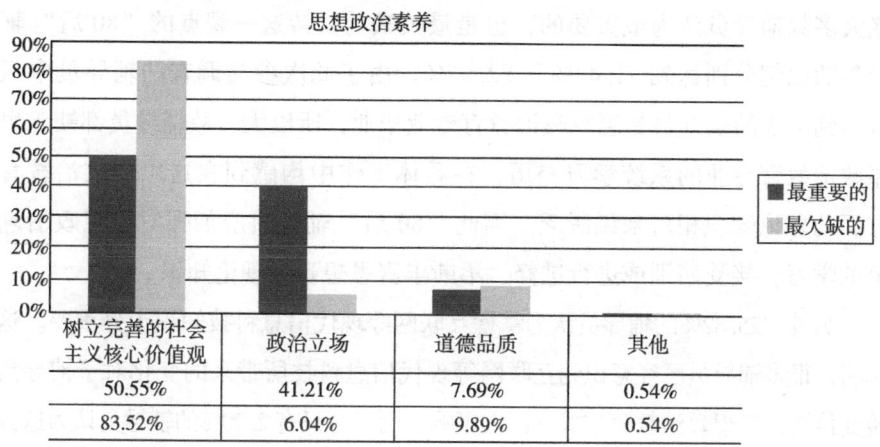

在对思想政治素养具体指标的调查中,认为"树立完善的社会主义核心价值观最重要的"和"坚定的政治立场最重要的"的比重分别占50.55%和41.21%;同时,在"最欠缺的思想政治素养指标"调查中可以看出,绝大多数辅导员认为树立完善的社会主义核心价值观比较欠缺。由此可以得出,社会主义核心价值观是当前"80后"辅导员最重要也是最迫切需要加强学习和实践的。因此,要注重加强辅导员社会主义核心价值观的培训和学习,同时辅导员自身也须不断完善社会主义核心价值观体系,端正态度,努力学习。

2.3 业务相关素养

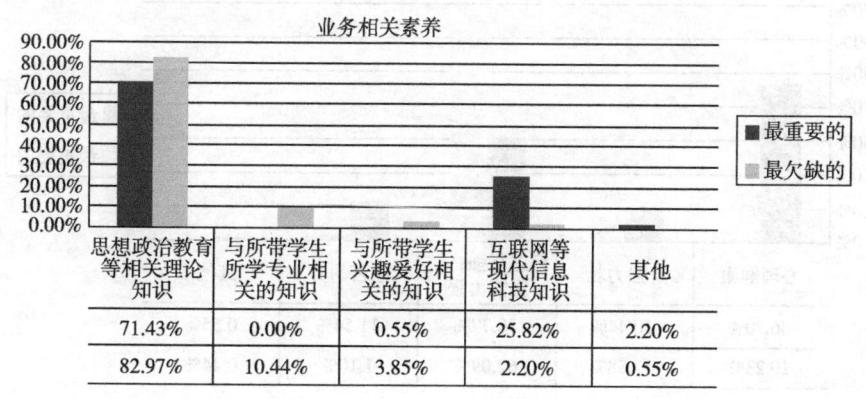

在业务相关素养具体指标的调查中，思想政治教育等相关理论知识是绝大多数辅导员认为最重要的，也是最欠缺的。持这一观点的"80后"辅导员的比例分别达到71.43%和82.97%。由于此次参与调查的辅导员中只有不到1/3的辅导员是思想政治教育专业毕业，所以大多数辅导员都缺乏思想政治教育专业的系统学习经历，在具体工作中均感到在这思想政治教育方面的理论知识相对来说匮乏。因此"80后"辅导员应加强对思想政治理论的学习，接受培训或进行进修，不断丰富思想政治理论知识。

另外，25.82%的辅导员认为掌握互联网等现代信息科技知识十分重要。这说明，很多辅导员已经意识到互联网等现代信息科技所带来的变化对于辅导员转变传统的思想政治教育方式有巨大影响。同时，只有2.20%的辅导员认为这方面知识匮乏。这说明，"80后"辅导员在接受新知识和新事物方面有优势，能够很快适应时代要求，顺应技术革新潮流，能够很快地和"90后"学生打成一片。

虽然此次调查数据显示没有辅导员认为与所带学生专业相关的知识最重要，但是在对最欠缺的业务相关素养的调查中显示，有10.44%的辅导员认为欠缺与所带学生专业相关的知识。这说明辅导员其实还是很重视所带学生的专业。因为绝大多数辅导员并非所带学生专业毕业，所以他们自身认为在这方面知识有所欠缺，希望加强对此专业的了解，以便平时对于学生的职业生涯和学业进行辅导。

2.4 心理生理素养

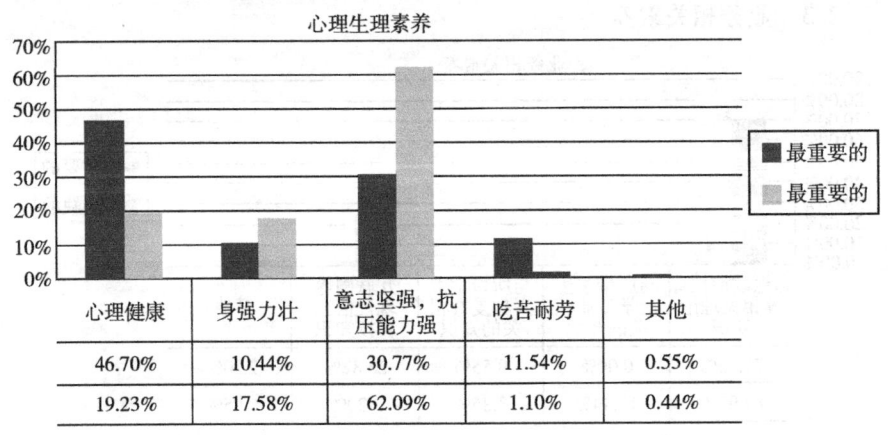

	心理健康	身强力壮	意志坚强，抗压能力强	吃苦耐劳	其他
最重要的	46.70%	10.44%	30.77%	11.54%	0.55%
最重要的	19.23%	17.58%	62.09%	1.10%	0.44%

调查显示,在"80后"辅导员认为最重要的心理生理素养的指标中,心理健康所占的比重最大,占46.70%;其次是抗压能力,占30.77%;吃苦耐劳占11.54%,身强力壮占10.44%;其他占0.55%。在对最欠缺的心理生理素养的调查中显示,认为最欠缺的是意志坚定和抗压能力强的,占62.09%;其次是心理健康,占19.23%;之后是身强力壮,占17.58%;吃苦耐劳占1.10%。由此可以看出,在心理生理素养中,心理健康和抗压能力强最重要,同时这两者也是最欠缺的。只有辅导员心理健康,才能正确地了解和把握学生的心理和行为。同时,因为辅导员工作的特殊性,经常会在工作中处理突发事件并经常面对许多问题学生,只有顶住强大的精神压力才能保证工作的顺利开展。

2.5 其他素养方面

辅导员除了应具备上述三种职业素养外,作为教育管理者,还应当具备管理、研究、沟通、协调、决断和创新等方面的能力。本次调查也在这些方面做了统计。

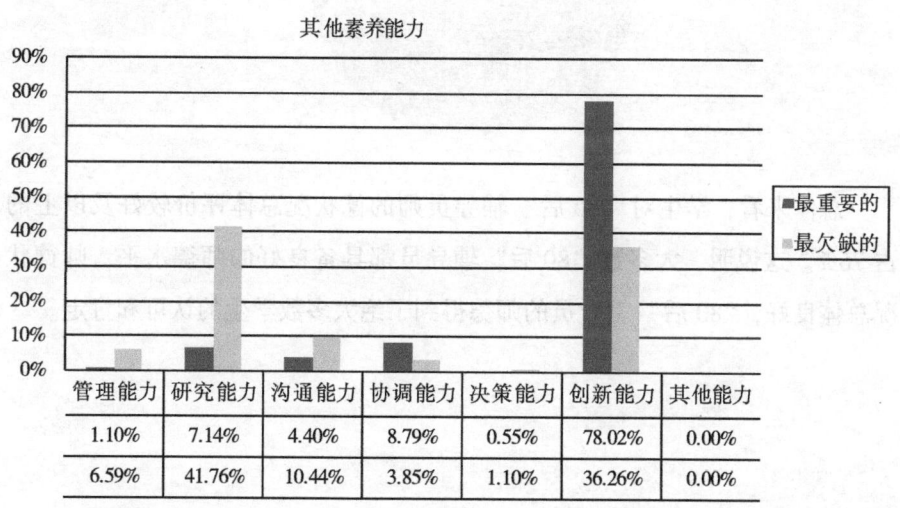

在对其他素养能力的指标的调查中,绝大多数辅导员认为最重要的是创新能力,占78.02%。同时,在最欠缺能力调查中,36.26%的辅导员也认

为创新能力是他们最缺乏的,排在其他最欠缺能力的第二位,可见"80后"辅导员对于创新能力的重视。在最欠缺的能力调查中,41.76%的辅导员认为研究能力是他们最欠缺的能力,这可能与辅导员忙于日常事务无暇顾及理论研究有关。因此,"80后"辅导员在指导学生的工作过程中,应注意培养创新意识和创新能力。同时,还应注重从事务性工作向研究性工作的转变,加强学生工作的研究。

3. "80后"辅导员师德状况调查

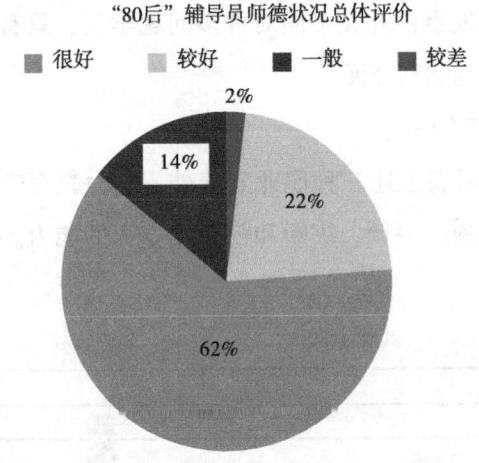

"80后"辅导员师德状况总体评价

总体来看,学生对"80后"辅导员师的德状况总体评价较好及以上的占76%。这说明,大多数"80后"辅导员都具备良好的师德水平,师德状况总体良好,"80后"辅导员的师德得到了绝大多数学生的认可和肯定。

和以前辅导员师德状况相比较

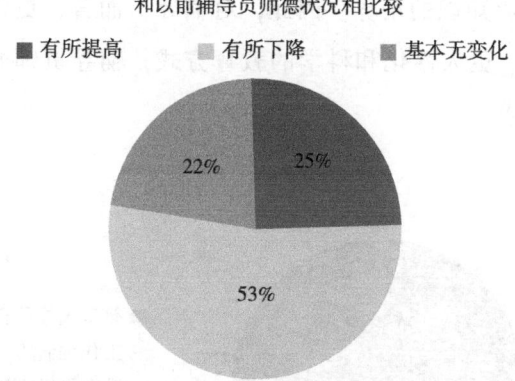

同时，我们也进行了与以前辅导员师德状况的比较调查。数据显示，绝大多数被调查者认为现在的辅导员与以前相比，师德有所下降。这可能是因为受到改革开放浪潮的影响，我国的经济政治文化受到西方思潮的影响，对金钱及工作的物质追求更趋现实。"80后"辅导员在学习当今知识，接受新鲜思潮的同时，也应继承和发扬我国老一辈辅导员的师德精神，不断学习，提高自身修养。

和"80后"青年专职教师师德状况相比较

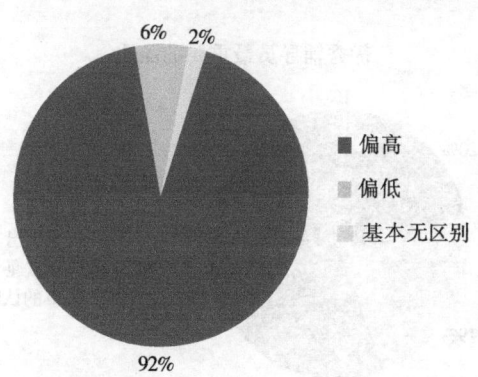

在对"80后"青年专职教师师德状况比较的调查中显示，绝大多数学生认为辅导员比青年专职教师师德偏高，持这一观点的学生比例高达92%。辅导员的工作更多地是对学生心理、日常行为的教育引导，而专职教师更

多地是对学生专业知识的培养。因此，对辅导员而言，更要求有良好的品德、较高的修养、更人性化和科学的教育方式，辅导员师德状况良好是职业工作的必然要求。

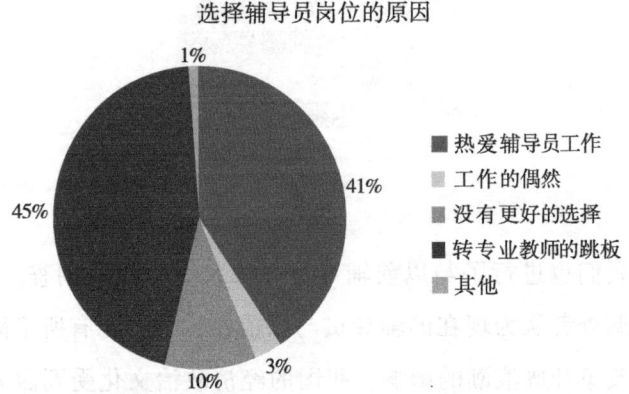

选择辅导员岗位的原因

在对选择辅导员岗位原因的调查中，因热爱辅导员工作而选择做辅导员的仅占到41%，而把辅导员岗位当做转专业教师跳板的却占到45%。由此可以看出，选择辅导员工作作为终身职业的并不多，大多数辅导员是被动地选择了这个职业。

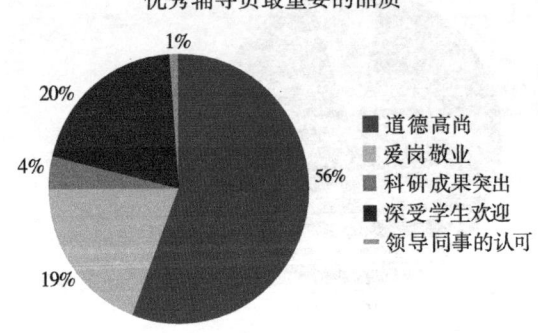

优秀辅导员最重要的品质

在"80后"辅导员看来，道德高尚显然是最重要的辅导员品质。有56%的调查对象选择了这一观点，这足以说明道德品质对于辅导员工作的重要性。当然，还有19%的人认为受学生欢迎也是重要的品质之一。

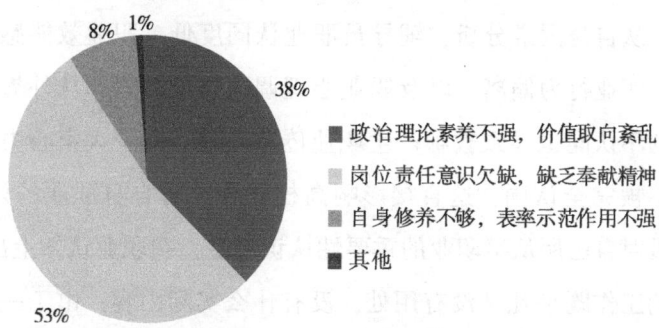

辅导员师德建设中存在的主要问题

在辅导员师德建设中存在的主要问题调查中，53%的调查对象认为岗位责任意识欠缺、缺乏奉献精神是目前辅导员师德建设中存在的最主要问题。38%的人认为最主要的问题是政治理论素养不强，价值取向紊乱。"80后"是被社会所质疑的一代年轻人，他们在新的环境中成长，责任意识和奉献精神有所缺失，因此对于"80后"辅导员责任意识和奉献精神的培养，应该使其认识到辅导员工作的重要性，同时也应加强相应的制度的建设，保证和约束辅导员工作的健康发展。

4. "80后"辅导员职业心理调查

是否出现过职业倦怠

调查数据显示，绝大多数辅导员经常出现工作倦怠心理，比例高达57%。

造成这种心理产生的主要来源是学校不够重视、学生不重视和个人原因等因素。从自身因素分析，辅导员职业认同度低、职业效能感弱、职业情感淡漠、职业行为偏离，以及职业心理调适技能差等；从外界来说，社会和学生的不认同也导致教师产生职业倦怠心理。由于大家心中对思想政治教育并不被完全认同，这直接影响高校辅导员对自身职业的认同程度。一些辅导员对自己所从事职业的重要性认识不足，在职业认知上出现错位，认为自己的工作既平凡又没有用处，没有什么实际内容；由于一些辅导员在工作中付出很多努力，但获得的效果并不理想，因此逐渐对自己所从事的职业产生倦怠和挫折感，工作积极性也逐渐降低。由于学校和学生的重视不够，教师缺少个人成就感，因此也逐渐丧失工作进取心和工作兴趣，最终导致职业倦怠。此外，再加上在社会转型的过程中，大学生培养的质量、思想道德水平出现问题时，人们往往会直接将其归结为高校辅导员和其他德育工作者的原因，也导致辅导员产生失落感和悲观感。

5. "80后"辅导员的自我发展调查

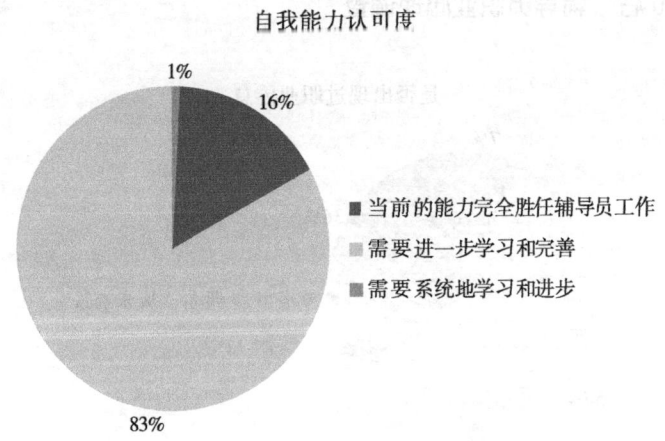

对"80后"辅导员自我能力认可度的调查中显示，83%的辅导员认为自己需要进一步学习和提升。由此可以得出，"80后"辅导员已经认识到在

这个知识爆炸、信息量急剧增加的时代终身学习的重要性，只有不断充实和完善自己的知识和实践能力，才能胜任工作。

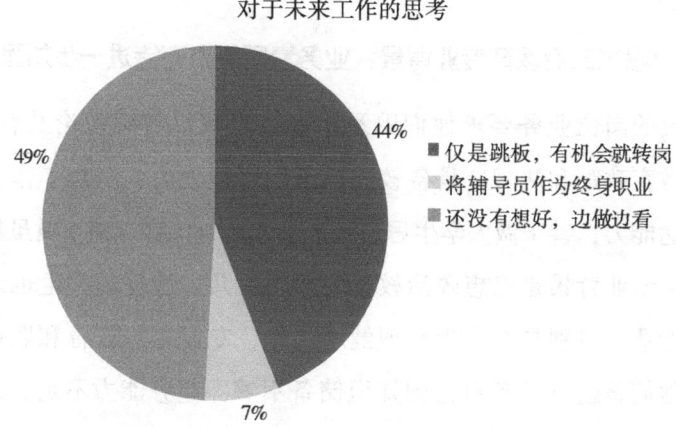

对于未来工作的思考

只有7%的调查对象将辅导员作为终身职业；44%的人认为辅导员工作仅是跳板，有机会就会转岗；还有49%的调查对象还在犹豫中。由此可以得出，"80后"辅导员对自己的未来工作比较迷茫，基本没有明确的职业规划，因此健全辅导员的职业发展体系十分必要。

二、当前高校"80后"辅导员所呈现的职业道德素养特征及对策

1. "80后"辅导员的思想道德素养须进一步提升

我国已进入"十二五"发展期，这既是重要的战略机遇期，也是改革发展进程中社会矛盾加剧涌现的关键期。市场经济的不断深入发展和完善，种种不良社会现象对教师的职业道德也产生了极大的负面影响。高校"80后"辅导员本身缺乏人生阅历和社会经验，在承受市场经济对师德建设的负面冲击时，导致立场上不够坚定，表现在政治信念模糊，理论知识缺乏，更容易以个人价值优先于社会价值，忽略自己的社会职责和所应承担的义务。辅导员应加强思想政治学习，提高理论修养；要充分利用理论研讨、

政治学习、形势报告会等多种渠道进行政治理论教育和时事政策教育；学会理性地分析国际、国内政治与经济形势，明确职业岗位所肩负的社会责任和使命。

2. 缺乏思想政治教育专业背景，业务素质能力有待进一步加强

辅导员的岗位业务要求他们熟悉掌握思想政治教育理论及教育技巧，国家高等教育政策和法规；具备较强的组织管理能力、群众工作能力和语言文字表达能力；善于做大学生思想政治工作。"80后"辅导员虽然大多学历较高，但专业背景是思想政治教育的寥寥无几，管理的学生也未必与自己是同类专业。特别是在学生心理健康工作、专业思想教育和职业发展规划方面，他们普遍感觉到自己的知识储备不够，业务能力不足，或多或少地都有过面对工作力不从心的经历。高校辅导员是大学生思想政治教育工作的倡导者和领导者，担负着陶冶大学生情操，帮助他们塑造美好心灵，锤炼高尚品质的责任，肩负健全大学生人格，以及传授科学知识的历史使命。因此，高辅导员应主动加强政治理论学习，牢固树立对马列主义和对社会主义理想前途的坚定信念；同时，应加强业务能力的培养，用有效的方法、合适的途径指导学生，提高工作效率。

3. 缺乏健全的辅导员职业发展体系，职业归属感急待进一步增强

从调查数据显示，"80后"辅导员对于辅导员岗位的归属感不强。只有7%的调查对象将辅导员作为终身职业考虑，大多数辅导员都将现在的工作当成今后转岗的跳板。辅导员职业道德建设与辅导员职业化发展是相互影响、相互促进的。首先，要结合我国高等教育发展的需要、大学生成长成才的需要和辅导员工作的实际需要，健全辅导员的职业发展体系。其次，辅导员职业化的发展需要引进职业生涯管理的理念，制定切实可行的职业发展规划，使辅导员岗位真正成为可持续发展的、可以毕生从事的职业。这样，辅导员才可以专心致志地投入工作，在学生工作的各个方面深入研

究，在指导大学生成长成才的过程中收获职业的乐趣，从而实现自我的人生价值。辅导员的职业发展也应走教学、科研兼备之路，需要有学生工作相关专业为依托来展开教学和研究。要建立辅导员职业发展体系，还必须制定切实可行的职业发展规划，引入职业生涯管理理念，使辅导员岗位成为可以毕生从事的职业。高校要从资金投入、职称评定、奖励机制和进修提高机会等方面做好相关政策保障，引导"80后"辅导员树立正确的价值观和教育观，增强自身修养，提高工作热情，积极预防职业倦怠，做好职业生涯规划。

附件 2

新媒介环境下高校思想政治教育工作者出现的新变化调查问卷
（大学生的反馈）

亲爱的同学：

  您好！为了解新媒体环境下高校思想政治教育工作者在工作中出现的新变化和新状况，我们进行这次抽样调查。问卷采取不记名方式，所有数据均用于统计研究。请您按实际情况和真实想法回答问题，衷心感谢您对本次调查的大力支持！

二〇一五年六月

一、调查对象基本情况

1. 您的性别：

A. 男   B. 女

2. 您所在年级：

A. 一年级   B. 二年级   C. 三年级   D. 四年级

二、对于新媒体的看法

1. 您最经常使用的新媒体是：

A. 网络新媒体（新闻网站、网络视频、博客、微博、QQ、豆瓣和 BBS 等）

B. 手机新媒体（微信、短信、飞信、手机报和手机游戏等）

C. 新型电视媒体（数字电视、移动电视和楼宇电视等）

D. 其他新媒体（隧道新媒体、路边新媒体和信息查询新媒体等）

2. 您使用新媒体主要是为了（最多选 3 项）：

A. 学习知识　　　B. 获得实用信息　C. 休闲娱乐　　　D. 通信

E. 了解新闻，掌握时事　　　　　　F. 交朋友　　　　G. 展示自我

H. 习惯　　　　　I. 消磨时间　　　J. 其他

3. 您平均每天上网（包括手机上网）的时间是：

A. 30 分钟以下　　　　　　　　　　B. 30 分钟~1 个小时

C. 1~2 小时　　　　　　　　　　　 D. 2~3 小时

E. 3 个小时以上

4. 网络、手机等新媒体对您的学习生活的影响程度：

A. 影响很大　　　B. 影响较大　　　C. 有一定影响　　D. 影响很小

E. 没有影响

三、关于思想政治理论课

1. 您是否喜欢思想政治理论课：

A. 很喜欢　　　　B. 喜欢　　　　　C. 一般　　　　　D. 不喜欢

2. 您对思想政治教育理论课教学效果的看法：

A. 非常满意　　　B. 满意　　　　　C. 一般　　　　　D. 不满意

3. 您所了解的思想政治理论课教师的教学模式：

A. "填鸭式"教学　　　　　　B. 教师主导、学生简单参与

C. 教师主导、学生深度参与　　D. 双方平等参与、共同探讨

4. 您所了解的思想政治理论课教师会在课堂上采用网络视频、动画和图片等新媒体形式进行教学吗？

A. 经常会　　　B. 会　　　C. 很少　　　D. 没有

5. 您的思想政治教育理论课教师会通过微信、微博、博客和论坛等新媒体形式，有目的性地进行思政教育吗？

A. 经常会　　　B. 会　　　C. 很少　　　D. 没有

6. 您在课堂以外，会通过微信聊天、微博留言、转发等形式和思想政治理论课教师进行学习相关的交流吗？

A. 经常会　　　B. 会的　　　C. 很少　　　D. 没有

7. 您认为当前思想政治理论课在教学中存在的主要问题：

A. 教材内容枯燥、空泛，理论与现实脱节

B. 教学方式单一、未能融入新媒体等教学手段

C. 灌输型教学模式，学生参与度低

D. 教师教学水平、能力和魅力等个人问题

8. 您所喜欢的思想政治理论课的教学方式（多选）：

A. 邀请专家、以专题讲座的形式进行的课堂教学

B. 开展主题辩论、社会实践等形式丰富的课堂教学

C. 常规的教师主导、学生倾听的课堂教学

D. 加入视频、图片和动画等新媒体元素的课堂教学

9. 您认为新媒体环境下思想政治理论课老师必备的能力和素养包括（多选）：

A. 政治素养　　B. 专业知识　　C. 心理素质　　D. 科研能力

E. 教学能力　　F. 新媒体运用技能　G. 个人魅力　　H. 其他

四、对于辅导员开展的思想政治教育工作

1. 当您在学习生活中碰到烦恼事情时,最喜欢:

A. 向父母倾诉　　B. 向辅导员倾诉　C. 向专业课老师倾诉

D. 跟身边同学、朋友谈谈

2. 您使用 QQ 或手机短信、飞信和微信跟辅导员沟通联系吗?

A. 经常　　　　B. 有时　　　　C. 很少　　　　D. 从不

3. 您知道您的辅导员的微信、博客或微博网址吗?

A. 知道　　　　B. 不知道

如果选择 B,请跳过;如果选择 A,请继续回答。

您访问过您的辅导员的微信、博客或微博吗?

A. 经常　　　　B. 有时　　　　C. 很少　　　　D. 从不

4. 您最愿意通过哪种方式与辅导员交流?

A. 当面谈　　　B. 网络(QQ、博客和微博等)

C. 手机短信、飞信和微信等　　　D. 电话　　　E. 其他

5. 您的辅导员对诸如"土豪""坑爹""屌丝""元芳,你怎么看"等网络流行语的熟悉程度:

A. 很熟悉　　　B. 较为熟悉　　C. 不太熟悉　　D. 不熟悉

E. 说不清楚

6. 您的辅导员运用新媒体来推进工作创新的能力:

A. 很强　　　　B. 较强　　　　C. 一般　　　　D. 较差

E. 说不清楚

7. 您的辅导员使用新媒体的技术水平:

A. 很高　　　　B. 较高　　　　C. 一般　　　　D. 较差

E. 说不清楚

8. 当网络上出现轰动性的负面信息时,辅导员会就此与你们展开交流,

并进行教育引导吗？

  A. 经常   B. 有时   C. 很少   D. 从不

  如果选择 D，请跳过；如果选择 A 或 B 或 C，请继续回答。

  当网络上出现轰动性负面信息时，辅导员对你们开展教育引导的效果：

  A. 很好   B. 较好   C. 一般   D. 较差

  E. 说不清楚

  9. 当您感到困惑、迷茫或郁闷的时候，曾获得过辅导员什么形式的心理健康辅导？（可多选）：

  A. 当面谈心 B. 手机短信或微信疏导   C. 电话交谈

  D. 网络（QQ、博客和微博）交流 E. 从未获得过帮助

  如果选择 E，请跳过；如果选择了 E 之外其他选项，请继续回答。

  10. 当您感到困惑、迷茫或郁闷的时候，辅导员对您进行心理健康辅导的效果：

  A. 很好   B. 较好   C. 一般   D. 较差

  E. 说不清楚

  问卷到此结束，再次感谢您的耐心与真诚合作！

附件 3

新媒介环境下高校思想政治理论课教师出现的新变化调查问卷

敬爱的老师：

　　您好！为了解新媒体环境下高校思想政治理论课教师在工作中出现的新变化和新状况，我们进行这次抽样调查。问卷采取不记名方式，所有数据均用于统计研究。请您按实际情况和真实想法回答问题，衷心感谢您对本次调查的大力支持！

二○一五年六月

一、调查对象基本情况

1. 您的性别：A. 男　　B. 女
2. 您的年龄：A. 20~30 岁　B. 30~40 岁　C. 40~50 岁　D. 其他
3. 您的教龄：A. ≤5 年　B. 5~10 年　C. 10~15 年　D. ≥15 年
4. 您的学历：A. 本科　B. 硕士　C. 博士　D. 其他

二、对于新媒体的看法

1. 您是否觉得新媒体已对大学生产生了很大影响：

   A. 影响很大　　　B. 影响较大　　　C. 影响一般　　　D. 不影响

2. 您认为新媒体给大学生带来了哪些消极影响（多选）：

   A. 网瘾、游戏问题突出，学生自我管理能力差

   B. 学生个性化突出，更加叛逆

   C. 网络依赖症，心理问题严重

   D. 学生价值观多元化，不好引导

   E. 受网络思潮影响严重，思政工作难度大

   F. 其他

3. 新媒体对您所从事的思想政治理论课教学工作的影响程度是：

   A. 影响很大　　　B. 影响较大　　　C. 有一定影响　　　D. 影响很小

   E. 没有影响

4. 您使用新媒体主要是为了（最多选3项）：

   A 学习知识　　　B. 获得实用信息　　　C. 休闲娱乐　　　D. 通信

   E. 了解新闻，掌握时事　　　F. 交朋友　　　G. 展示自我

   H. 消磨时间　　　I. 其他

5. 您觉得新媒体给您的工作带来了哪些机遇（多选）：

   A. 便捷了师生沟通、减少了工作压力

   B. 匿名交流，师生交流更加频繁、平等，利于了解学生

   C. 新媒体的使用拉近师生距离，增进双方情感

   D. 运用新媒体元素创新工作，提高效率

   E. 提升工作兴趣和工作热情

   F. 其他

6. 您觉得新媒体给您的工作带来了哪些挑战（多选）：

　　A. 新媒体的"反权威性"倾向导致教师主导性话语权丧失

　　B. 新媒体的"去中心化"趋势导致大学生价值选择判断偏离

　　C. 新媒体的"即时交互性"特征引发传统的单向引导模式失灵

　　D. 新媒体的"虚拟隐蔽性"特点导致传统思政工作效率降低

　　E. 其他

7. 您对于新媒体可以成为思想政治教育的新载体、新平台的看法：

　　A. 完全赞同　　　B. 赞同　　　C. 比较赞同　　　D. 不赞同

8. 您认为是什么因素制约了高校思想政治理论课教师运用新媒体来开展工作（可多选）：

　　A. 年龄问题　　　B. 文化程度　　　C. 经济水平　　　D. 观念问题

　　E. 技术能力　　　F. 时间问题　　　G. 学校制度　　　H. 其他

三、接触和使用新媒体情况

1. 您最经常使用的新媒体是：

　　A. 网络新媒体（新闻网站、网络视频、博客、微博、QQ、豆瓣或BBS等）

　　B. 手机新媒体（微信、短信、飞信、手机报或手机游戏等）

　　C. 新型电视媒体（数字电视、移动电视或楼宇电视等）

　　D. 其他新媒体（隧道新媒体、路边新媒体或信息查询新媒体等）

2. 您在思想政治理论课中的角色：

　　A. 知识灌输者　　　　　　　　B. 教学监督者

　　C. 指导为主的平等交流者　　　D. 旁观者

3. 您认为新媒体教学手段是否有助于课堂教学：

　　A. 十分有助于　　B. 有助于　　C. 一般　　D. 没有帮助

4. 您是否会在课堂上采用网络视频、动画和图片等新媒体形式进行教学：

  A. 会大量使用   B. 会的   C. 不会经常使用   D. 不会用

5. 您是否认同通过微信聊天、微博留言、转发和评论等形式和学生进行学习和交流：

  A. 十分认同   B. 认同   C. 可以尝试   D. 不认同

6. 您认为自己在课堂上驾驭新媒体技术的能力：

  A. 很强   B. 较强   C. 一般   D. 较差   E. 很差

7. 新媒体环境下，您在思想政治教育工作中面临的主要难题（多选）：

  A. 学生学习积极性、参与度不够

  B. 学生思想多元化、西化影响严重

  C. 教学方式单一、教学效果不显著

  D. 缺乏职业认同感、缺乏工作热情

  E. 教学模式固定，很难创新

  F. 教材知识陈旧，脱离现实需要

  G. 其他

四、其他

1. 您对于参加运用新媒体开展思想政治理论课教学相关方面的培训态度是：

  A. 十分愿意参加   B. 如果有机会，会去参加

  C. 无所谓   D. 不愿意

2. 您所在的学校为思想政治理论课教师举办过"运用新媒体开展工作"的专门培训活动吗？

  A. 经常   B. 有时   C. 很少   D. 从不

3. 您所在的学校对思想政治理论课教师运用新媒体开展工作的态度是：

A. 很重视，并有激励措施　　　　　　B. 表面重视，但缺乏激励措施

C. 不重视，缺乏激励措施

问卷到此结束，再次感谢您的耐心与真诚合作！

附件 4

新媒介环境下高校辅导员在思想政治教育工作中出现的新变化调查问卷

敬爱的老师：

您好！为了解新媒体环境下高校辅导员在思想政治教育工作中出现的新变化和新状况，我们进行这次抽样调查。问卷采取不记名方式，所有数据均用于统计研究。请您按实际情况和真实想法回答问题，衷心感谢您对本次调查的大力支持！

二〇一五年六月

一、调查对象基本情况

1. 您的性别：A. 男　　B. 女
2. 您的年龄：A. 20~30 岁　B. 30~40 岁　C. 40~50 岁　D. 其他
3. 您从事辅导员工作的时长：A. ≤5 年　B. 5~10 年　C. 10~15 年　D. ≥15 年
4. 您的学历：A. 本科　　B. 硕士　　C. 博士　　D. 其他

二、对于新媒体的看法

1. 您是否觉得新媒体已对大学生产生了很大影响：

   A. 影响很大　　B. 影响较大　　C. 影响一般　　D. 不影响

2. 您认为新媒体给大学生带来了哪些消极影响（多选）：

   A. 网瘾、游戏问题突出，学生自我管理能力差

   B. 学生个性化突出，更加叛逆

   C. 网络依赖症，心理问题严重

   D. 学生价值观多元化，不好引导

   E. 受网络思潮影响严重，增加思政工作难度

   F. 其他

3. 新媒体对您所从事的辅导员工作的影响程度是：

   A. 影响很大　　B. 影响较大　　C. 有一定影响　　D. 影响很小

   E. 没有影响

4. 您使用新媒体主要是为了（最多选3项）：

   A. 学习知识　　B. 获得实用信息　　C. 休闲娱乐　　D. 通信

   E. 了解新闻，掌握时事　　F. 交朋友　　G. 展示自我

   H. 消磨时间　　I. 其他

5. 您觉得新媒体给您的工作带来了哪些机遇（多选）：

   A. 便捷了师生沟通、减少了工作压力

   B. 匿名交流，师生交流更加频繁、平等，利于了解学生

   C. 新媒体的使用拉近师生距离，增进双方情感

   D. 运用新媒体元素创新工作，提高效率

   E. 提升工作兴趣和工作热情

   F. 其他

6. 您觉得新媒体给您的工作带来了哪些挑战（多选）：

A. 新媒体的"反权威性"倾向导致辅导员主导性话语权丧失

B. 新媒体的"去中心化"趋势导致大学生价值选择判断偏离

C. 新媒体的"即时交互性"特征引发传统的单向引导模式失灵

D. 新媒体的"虚拟隐蔽性"特点导致传统思政工作效率降低

E. 其他

7. 您对于新媒体可以成为思想政治教育的新载体、新平台的看法：

A. 完全赞同　　　B. 赞同　　　C. 比较赞同　　　D. 不赞同

8. 您认为是什么因素制约了高校辅导员运用新媒体来开展工作（可多选）：

A. 年龄问题　　　B. 文化程度　　　C. 经济水平　　　D. 观念问题

E. 技术能力　　　F. 时间问题　　　G. 学校制度　　　H. 其他

三、接触和使用新媒体情况

1. 您最经常使用的新媒体是：

A 网络新媒体（新闻网站、网络视频、博客、微博、QQ、豆瓣和BBS等）

B. 手机新媒体（微信、短信、飞信、手机报和手机游戏等）

C. 新型电视媒体（数字电视、移动电视和楼宇电视等）

D. 其他新媒体（隧道新媒体、路边新媒体和信息查询新媒体等）

2. 您使用QQ或飞信、微信、短信与学生进行沟通联系的情况是：

A. 经常使用　　　B. 有时使用　　　C. 很少使用　　　D. 没有用过

3. 您关注过学生的QQ空间、博客或微博吗？

A. 经常关注　　　B. 有时关注　　　C. 很少关注　　　D. 没有关注

4. 您是否开通有辅导员工作专用的微信、飞信、QQ、博客或微博吗？

A. 是　　　　　　B. 否

5. 您平时主要是通过何种渠道与学生进行沟通交流（最多选 2 项）：

　　A. 当面谈　　　　B. 网络（QQ、博客、微博等）

　　C. 手机短信、飞信和微信等　　　D. 电话　　　　E. 其他

6. 您运用新媒体来开展有关辅导员工作的学习、研究活动吗？

　　A. 经常　　　　B. 有时　　　　C. 很少　　　　D. 从不

　　如选择 D，请跳过；如选择 A 或 B 或 C，请继续回答。

　　您觉得自己运用新媒体开展有关辅导员工作的学习、研究能力如何：

　　A. 很强　　B. 较强　　C. 一般　　D. 较差　　E. 很差

7. 当网络上出现轰动性负面信息时，您会就此与学生交流，并开展教育引导吗：

　　A. 经常　　　　B. 有时　　　　C. 很少　　　　D. 从不

　　如果选择 D，请跳过；如果选择 A 或 B 或 C，请继续回答。

　　当网络上出现轰动性负面信息时，您针对大学生开展教育引导的效果：

　　A. 很好　　　　B. 较好　　　　C. 一般　　　　D. 较差

　　E. 说不清楚

8. 当学生感到困惑、迷茫或郁闷的时候，您会采取什么形式的心理健康辅导（可多选）：

　　A. 当面谈心　　　B. 手机短信或微信疏导　　　C. 电话交谈

　　D. 网络（QQ、博客、微博）交流　　E. 从不进行辅导

　　如果选择 E，请跳过；如果选择了 E 以外的其他选项，请继续回答。

　　您针对学生开展的心理健康辅导效果：

　　A. 很好　　B. 较好　　C. 一般　　D. 较差　　E. 说不清楚

9. 您在运用新媒体创新工作时遇到哪些困难（多选）：

　　A. 对新媒体的某些功能不熟悉，不知如何使用

　　B. 工作压力大，没有额外精力进行尝试

　　C. 习惯固有的工作模式，不想创新

D. 把新媒体运用到大学生日常管理中难度较大，成本较高

E. 其他

四、其他

1. 您对于参加运用新媒体开展思政工作相关方面的培训态度是：

　　A. 十分愿意参加　　　　　　　B. 如果有机会，会去参加

　　C. 无所谓　　　　　　　　　　D. 不愿意

2. 您所在的学校为辅导员举办过"运用新媒体开展工作"的专门培训活动吗？

　　A. 经常　　　　B. 有时　　　　C. 很少　　　　D. 从不

3. 您所在的学校对辅导员运用新媒体开展工作的态度是：

　　A. 很重视，并有激励措施　　　　B. 表面重视，但缺乏激励措施

　　C. 不重视，缺乏激励措施

问卷到此结束，再次感谢您的耐心与真诚合作！

附件 5

新媒介环境下高校思想政治教育主体出现新变化调查问卷的详细分析

一、大学生反馈层面

1. 调查对象基本情况

在调查者对象中,女大学生稍多于男大学生,比例约为 57:43。调查对象所在年级呈递减状,大一学生最多(78 人),大四学生最少(11 人)。大一与大二学生构成本次问卷调查的主力,约占到调查总人数的 75%。

2. 对于新媒体的看法

(1) 在大学生最经常使用的新媒体中,手机新媒体占据主导地位,大约占到 67%;其次为网络新媒体,占到约 31%;新型电视媒体及其他新媒体在大学生群体中并不普及,经常使用者寥寥无几。手机新媒体及网络新媒体成为大学生的最受青睐、最为普及的媒介,是符合大学生各方面特征的。

(2) 大学生使用新媒体的主要目的,处于前三位的依次为休闲娱乐(67.2%)、通信(61.9%)和获得实用信息(54.0%)。不容忽视的是,仍有 58 人(比例约为 30.7%),为了消磨时间而使用新媒体,还有少部分人出于习惯使用新媒体。使用新媒体时能够决定新媒体发挥的价值，因而大学生使用新媒体的目的和用途要注重发挥其积极作用的一面。

（3）大学生平均每天上网时间为 2~3 个小时的人数最多，接近总人数的一半。其次为 1~2 个小时，占到 35%。花费 30 分钟以下和 3 个小时以上的学生均未超过 10%。这也表明，大部分学生能够合理支配花在新媒体上的时间，且对新媒体的依赖度较高。

（4）新媒体对于大学生的影响，认为影响很大的占到 48.68%、影响较大的占到 31.22%、有一定影响的占到 17.99%，而仅有 2.21% 的学生认为是没有影响的。这也表明，绝大部分学生是承认新媒体对自身的学习生活存在影响，且大部分学生认为影响较大或很大。如何将这种影响转变为促进学生学习生活的有利因素，变得较为重要。

3. 对于思想政治理论课

（1）对于大学生是否喜欢思想政治理论课，一部分学生态度平淡，表示"一般"，另一部分学生直接表示"不喜欢"，而"喜欢"和"很喜欢"的总人数并未超过 13%。这也表明，在新的时代背景下，如何提升大学生思政的学习兴趣和热情成为难题。

（2）就大学生对于思想政治教育理论课的教学成果评价来看，67.72% 的学生认为"一般"，25.93% 的学生并"不满意"。这表明，绝大多数学生对于思想政治教育理论课的教学成果并不认同，提高教学效果势在必行。

（3）在思政理论课堂中，"教师主导、学生简单参与"的教学模式占到一半，另有约 40% 的学生认为课堂属于"填鸭式"教学，不到 10% 的学生认为课堂中做到了双方平等参与、共同探讨，或教师主导、学生深度参与。"填鸭式教学"和"教师主导型教学"值得学校和老师反思，同时也需要学生进行自我反思。课堂是双方互动的过程，需要两者的积极配合，这些教学模式的形成也是有其原因的，值得我们思考。

（4）共约 70% 的学生认为课堂"会"（61.9%）或"经常会"（9.52%）

采用新媒体的形式进行课堂教学,约 1/3 的课堂很少使用。这表明,思想政治理论课老师有了使用新媒体教学的意识,但并不经常使用。新媒体在思想政治教育中的作用还有待挖掘。

(5) 思想政治理论课教育理论课教师是否会有目的地运用新媒体手段进行思政教育,选择"很少"和"没有"的占到 86%。这说明大部分思政教育的理论课教师并没有自发地形成运用新媒体工具进行教学的意识,一般仅局限于课堂教学,而忽略新媒体可以作为课堂的延伸,发挥其作用。

(6) 绝大多数学生,其中"很少"占 63.5%,"没有"占 27.5%,并不会经常和思政理论课教师课下运用新媒体进行学习相关的交流,经常会的仅占 1%。可见,在新媒体时代,新媒体并没有在师生之间体现出沟通交流的优势,两者仍然以课堂交流作为主导。

(7) 调查中发现,学生认为当前思想政治教育理论课存在的问题并不是单一的。教学模式枯燥乏味,以灌输式为主,不能充分调动学生积极性成为主要原因之一;另一主要原因是教学方式、教学手段的落后。而仍有 25% 的学生认为教师个人的教学水平、能力和魅力等因素也是影响教学的重要原因。

(8) 在学生所喜欢的教学方式中,以加入新媒体元素成为课堂最为期待的形式;其次是开展形式多样的课堂活动;而常规的、也是目前较为普遍的教师主导、学生倾听式的课堂教学遭到学生冷落,更加希望改变现状,为课堂注入新活力。

(9) "教学能力""新媒体运用能力""政治素养"依次成为学生们所认为的思政理论课教师所必备的能力和素养。教学能力是最基本的职业要求,政治素养对于思政教师是必备的,而新媒体的运用能力成为新时代背景下,对思政教育者提出的新要求,是其能否运用新生事物改善教学手段的能力体现,也是教育者的职责要求。较强的"科研能力"对于学生来说并不是十分看重。相比教学能力,他们更加看重知识的有效传递。教师的个人魅力也是不容忽视的一个要素,因而培养热爱学生,具备个人魅力的教师也是十分重要的。

4. 对于辅导员开展的思想政治教育工作

(1)当大学生在生活中遇到烦恼时,通常选择和身边同学、朋友倾诉。相对父母而言(24.3%),更愿意向辅导员倾诉的占到27.5%。向专业课老师倾诉的仅占2.1%。处于集体生活的大学生,更愿意在自己的朋友圈倾吐心声,而辅导员也是大学生的重要倾诉对象,并且更能够起到正确的引导作用。因而要加强辅导员在大学生亦师亦友的角色,帮助大学生解决生活中遇到的困难。专业课教师也应适当加强与学生的交流,关怀大学生的成长。

(2)一半以上的学生会经常通过QQ、微信和短信等形式和辅导员保持联系;也有40%的学生是有时会保持联系。这由学生的职务、性格等方面所决定。

(3)大部分学生是知道辅导员的微信、博客或微博的网址的,这也是微信等新媒体普遍运用的体现,并且逐步融入辅导员和大学生之间的沟通交流中。辅导员也已经运用微信等形式进行思政教育工作,发挥其作用,但仍有近20%的学生并不知道辅导员的微信。这说明有小部分学生缺乏同辅导员的交流,并没有充分利用好微信等便捷的沟通工具。有辅导员微信或微博的同学,有68%的同学会经常访问,30.5%的会有时访问说明辅导员的微信、微博等新媒体工具可以成为辅导员进行思政教育工作的辅助工具,并尽量让全部的学生能够熟知常用的新媒体联系方式,发挥新媒体的教育载体作用。

(4)在与辅导员的交流方式中,微信、短信和QQ等成为主要形式,面谈仅仅占到11%。新媒体的隐匿性等特点,让大学生能够避免与辅导员面谈的尴尬和担忧,因而更容易倾吐,利于师生深入交谈。

(5)众多辅导员能够及时了解网络动态,并熟悉网络用语,这样更加能与拉近与学生之间距离，降低工作难度。

（6）大学生认为辅导员运用新媒体推进工作创新中，近一半的辅导员能力较强，1/3的辅导员能力一半，仅有10%的较强。整体推进辅导员运用新媒体进行工作创新的能力有待提升。

（7）一半以上的辅导员使用新媒体技术水平为"一半""较高"水平的约占1/3，而"较差"水平的为9%。大学生对于辅导员的新媒体技术水平要求越来越高，辅导员的新媒体技能再次成为导员工作的必要素养之一。

（8）当网络出现轰动性的负面信息时，辅导员能否重视新媒体的传播功能很重要。而在实际工作中，不到一半的辅导员会进行教育引导工作；另外有42%的辅导员"很少"或"不会"进行引导，并没有很好地利用新媒体特征进行思政工作。而在使用新媒体进行引导后，一半的学生认为引导效果一般，33%的学生认为效果"较好"或"很好"，说明辅导员尚未探究出运用新媒体开展教育引导工作的有效途径，是仅仅通知、宣传，还是新媒体传播与面对面传播相结合的方式等，这些都有待探究和实践。

（9）运用新媒体工具进行心理健康辅导逐渐成为辅导员的重要方式，其次为面谈的形式，这将大大减轻辅导员的工作负担。就辅导效果而言，一半以上的学生认为效果较好或很好，近40%的学生认为效果一般。为了使大学生达到更好的辅导效果，辅导员也需自我反思，创新工作方式，提高辅导效果。

二、一线思想政治理论教师层面

1. 调查对象基本情况

本次调查对象中，男性教师偏多，为131人，女性教师较少，为48人。且一半以上的教师年龄在30~40岁，大部分教师为"80后"和"70后"。40~50岁的教师仅15人，表明思想政治理论课教师队伍偏年轻化。同年龄阶段相适应，教龄一半以上的人为5~10年，1/3的教师已达到至少10年的教龄。这也表明，目前思想政治教育理论课教师是由一批具有较强工作经验、精力充沛的年轻教师负责。在这些人群中，69%的教师为硕士学历，23%为博士学历。

2. 对于新媒体的看法

（1）在调查中发现，绝大多数教师认为新媒体对学生产生的影响较大或很大，仅有2%的人认为影响程度为一般。这说明，思政教师已经意识到新媒体对大学生产生的影响不容小觑。

（2）教师认为新媒体给大学生带来的消极影响中，"学生价值观多元化，不好引导"与"受网络思潮影响严重，增加工作难度"成为最普遍的担忧。其次为学生的个性化突出和叛逆的问题。也有部分教师认为网瘾、网络依赖问题也较严重，导致学生自我管理能力差。在教师看来，新媒体带来的影响较为复杂，并不只存在一两个问题，很多问题都是同时存在的。

（3）54%的教师认为新媒体对自身的教学工作影响很大，37%的教师认为影响较大，有一定影响的仅为8%。新媒体对思政教师的工作已经产生重大的影响，思政教师们也已经有了切身体会。

（4）作为思政教师，大多数教师把"获得实用信息"作为使用新媒体的首要目的；其次是了解时事新闻的用途；再次是新媒体的通信功能；还有一部分老师是为了学习知识。可见，新媒体可以成为思政教育工作的重要辅助工具，帮助教师的教学及自我提升。从这一方面来说，新媒体对于教师的影响积极作用多一些。

（5）新媒体对于"拉近双方距离，增进情感"的作用最被认同；其次是运用新媒体元素创新了工作，提升了工作效率。并且半数的教师认为运用新媒体工具加强了师生交流，更易于了解学生。40%的教师认为在提升工作兴趣和热情方面，新媒体具有积极作用。

（6）半数的思想政治教师认为新媒体的"去中心化"趋势导致大学生

价值选择判断偏离的问题较为严重，信息的选择、判断能力在混杂的网络世界中尤为重要。教师话语权的丧失，单向引导模式的失灵都是新媒体所带来的负面影响。1/3 的教师认为，新媒体会对传统思政工作产生不利影响，降低工作效率，因此趋利避害十分重要。

（7）"赞同"和"十分赞同"新媒体可以成为思政教育新载体、新平台的教师占绝大多数，调查中并没有不赞同这一看法的。对思政教育工作者而言，新平台又将带来新的机遇和挑战。尽管有挑战，教师们仍愿意克服弊端，拓展思政教育的新载体。

（8）在制约高校思政教师运用新媒体开展工作的众多因素中，"技术能力""观念问题""时间问题"依次成为重要制约因素。这些因素都是比较客观而实际的问题，新媒体技术并未作为思政教育者的必备技能之一。时代的发展为教师提出了新的技术要求，加强新媒体技术的培训工作成为必要。这也将节约教师的备课时间，提高工作效率。当然，转变观念尤为重要。传统的课堂教学需要注入新的元素以适应学生的新需求。接受转变并积极适应，将会提高课堂效率。

3. 接触和使用新媒体情况

（1）57.5%的思想政治教师经常使用的新媒体为网络新媒体，35.8%的教师选择使用手机新媒体。这表明思想政治教师使用网络新媒体多于手机新媒体，且绝大部分教师会普遍使用网络与手机新媒体。

（2）44%的教师将自身在思想政治理论课中的角色定义为以指导为主的平等交流者，43%的教师认为自身更像教学的监督者，而仍有小部分教师（13%）认为自身仅仅是知识的灌输着。教师的角色定位会影响教师的教学方式和方法，对师生双方的相处模式也将产生较高，从而产生不同的教学效果。仅仅是知识的灌输者和监督者不利于师生双方的融洽相处，以及知识的有效接收，也不是提高教学效果的长久之计。

（3）认为新媒体对于课堂教学十分有帮助的占到39%，58%的教师认为是有帮助的，仅有4%的教师认为效果一般。绝大部分老师对新媒体对于课堂教学的作用是持肯定态度的。

（4）"会大量使用"新媒体的各种形式进行教学的教师占到17%，而不经常使用但会用到新媒体的教师占到大部分，为70%，但仍有超过10%的教师不会经常使用新媒体教学。大部分教师开始借助于新媒体辅助教学，也有少部分教师坚持自己的教学方式，不常用新媒体。

（5）超过一半的教师认同或十分认同运用微信、微博等形式和学生进行学习和交流，43%的教师认为可以尝试这一形式。这表明，目前并未用过此种方式，还有3%的教师并不认同此种方式。

（6）一半的教师认为自己在课堂上驾驭新媒体技术的能力一般，很差的占到26%，较强或很强的仅占到15%。教师的新媒体驾驭能力有待提高，缺乏有关新媒体的专业的培训。

（7）对于思政教师来说，他们认为工作中面临的主要问题包括学生学习积极性、参与度不够、思想愈发多元化和难于管教等。而课堂教学方式也难于突破，相对单一，教学效果并不显著。有超过10%的教师认为思想政治教师存在缺乏职业认同感的情况，也会影响的个人的工作热情。仅有少数几人认为思政教材知识陈旧，脱离了现实需要，应当紧跟时代发展，加入符合时代的新内容。

4. 其他

（1）不到20%的思想政治教师十分乐于参加学校开展的新媒体教学培训，并且大部分教师认为，如果有机会，就会去参加。教师对于自身的新媒体技术是期待提高的，并且也乐意接受培训，进而将其运用于课堂。

（2）90%以上的教师认为，自己所在高校"有时"或"很少"开展增强新媒体技能的培训活动。这表明，多数高校这一方面的培训工作与教师的需求是脱钩的，培训工作需要加强。

（3）接近一半的教师认为自己所在的高校十分重视思想政治教师运用

新媒体进行教学，并配有激励措施。39%的教师认为自己所在高校仅是表面重视，并没有实质性的奖励措施。还有少部分高校并不重视新媒体教学，也不存在奖励措施。

三、辅导员层面

1. 调查对象基本情况

在本次调查的从事思政教育的辅导员工作中，59%为女性导员，41%的为男性导员，女性辅导员略多于男性辅导员。而在年龄分布上，一半以上的辅导员在20~30岁，40%的辅导员在30~40岁之间，仅有少数在40~50岁之间。辅导员多以"80后"为主，辅导员队伍年轻而有活力。在工作时长来看，一半以上工作小于5年，还有一部分工作5~10年，从事10年以上的仅仅为6%。因为"80后"居多，因而工作时长也是相适应的。就辅导员的学历而言，硕士居多占74%，其次为本科占19%，博士最少，不到6%。

2. 对于新媒体的看法

（1）71%的辅导员认为新媒体对大学生产生的影响很大，认为影响较大的达25%。绝大部分辅导员认为媒体对大学生的影响已经开始显现。

（2）辅导员认为，新媒体给大学生带来的消极影响从成程度较重到轻依次为：学生价值观多元化，不好引导（81%）、受网络思潮影响严重，加大工作难度（72%）、网瘾、游戏等问题突出，学生自我管理能力差（52%）、学生个性化突出、更加叛逆（49%）、网络依赖症，心理问题严重（31%）。作为负责学生日常生活管理工作的辅导员，意识到新媒体给大学生价值观、个人管理、性格、心理等各方面带来的影响，这将增加辅导员的工作难度。

（3）一部分辅导员认为新媒体对自身工作不可避免地产生了一定的影

响,大部分辅导员认为这种影响较大或者很大。

（4）辅导员运用新媒体的主要目的依次为：获取实用信息（55%）、了解新闻,掌握时事（48%）、休闲娱乐（41%）、学习知识（29%）、消磨时间（25%）、通信（21%）、交朋友（16%）、展示自我（8%）和其他（3%）。辅导员的工作性质要求其快速掌握时事、了解最新工作进展等,因而获取实用信息和新闻成为他们使用新媒介的主要目的。此外,由于辅导员的工作时间较长且任务琐碎,工作之余辅导员也愿意运用新媒体进行休闲娱乐,释放工作压力。还有一些辅导员将其作为学习工具、通信工具和交友工具等。有一部分辅导员用微博、微信等新媒体工具消磨时间,这也和辅导员冗长和琐碎的工作过后,希望大脑能得到放松的一种表现。当然,也不排除一些辅导员利用上班期间,用新媒体进行消遣的可能。

（5）对于辅导员而言,新媒体带来的最大机遇便是便捷了师生沟通,减少了工作压力。微信、QQ和短信等新媒体工具的应用,大大提高了辅导员传达工作的效率。辅导员认为新媒体能够创新工作,提升工作效率,这同减少教师工作压力是相通的。新媒体使师生双方交流更加频繁,容易拉近双方距离,继而增强辅导员对工作的认同感,提升其工作兴趣和工作热情。

（6）在辅导员面对新媒体带来的挑战中,82%的教师认为新媒体的"即时交互性"引发传统单向引导模式失灵的问题比较突出。新媒体强化了双方的交流频率,但也导致了传统单向引导模式的失灵。其次,是新媒体的"去中心化"趋势导致大学生价值选择判断的偏离。这种负效应由新媒体的"去中心化"特征引起,也和大学生价值观尚未完全形成相关。鱼龙混杂的网络容易使大学生价值判断迷失,也加大了辅导员的引导难度。另外,也有辅导员认为,新媒体的负效应也体现在一定程度上存在教师话语权丧失、思政工作效率降低等问题。

（7）绝大部分辅导员对于新媒体成为思政教育新载体、新平台的看法持肯定态度，有不到一半的辅导员将完全赞同态度。

（8）对于辅导员而言，制约其运用新媒体开展思政工作的主要因素排在首位的是技术能力问题，其次是时间问题。高校并未将新媒体技术的应用能力作为入职的考核要素，但新媒体的迅猛发展，却对辅导员提出了越来越高的要求。辅导员的工作内容和性质，再加上熟练掌握新媒体，会加大工作量，增加工作负担，将对现在的工作时间形成挑战。36%的辅导员承认对新媒体的态度和观念问题、文化程度问题都有关系。

3. 接触和使用新媒体情况

（1）辅导员经常使用的新媒体主要为网络新媒体，其次为手机新媒体，新型电视媒体及其他媒体的使用者不到10%。目前，网络新媒体和手机新媒体是辅导员最常使用的媒体形式。

（2）大部分辅导员（66%）会经常使用新媒体工具与学生进行沟通，一部分辅导员有时会使用，两者比例超过95%。新媒体沟通工具已经成为辅导员日常工作的重要交流工具，发挥着其载体作用。

（3）12%的辅导员经常通过QQ空间、微博等形式呈现出来的最新动态来关注学生，42%的辅导员会偶尔关注，37%的不关注。由于工作方式的不同，有些辅导员并没有将通过新媒体工具作为了解学生最新动态的重要途径之一，也并未形成这样的工作习惯。

（4）大部分老师开通过工作专用的账号，也有一部分辅导员（37%）并没有专门开通。

（5）辅导员平时和学生进行沟通的方式多为以QQ、博客为主的网络（47%）、手机短信、飞信和微信等（45%），面谈比例占到43%。新媒体工具和面谈成为辅导员最常用的形式，两者相结合有助于辅导员有针对性地开展工作，减轻工作压力，提高工作效率。

（6）65%的辅导员认为自己经常运用新媒体工具开展辅导员相关的学习和研究活动，34%的辅导员很少用到，极少数人经常开展。就运用新媒体开展活动的能力而言，超过半数的辅导员认为能力一般，还有14%的辅导员认为较差，认为较强或很强的比例不到30%。这说明大部分辅导员对于运用新媒体开展学习、研究活动的能力是力不从心的，有待提高。

（7）当网络出现轰动性的负面信息时，少数辅导员（25%）会经常与学生交流，展开教育引导工作。大部分辅导员仅仅有时开展，而另外11%辅导员并不会或很少去开展。这说明仍然有一部分辅导员不够重视网络轰动性负面信息会给学生带来的影响。而一般开展过教育引导工作的，大部分效果还是较好的。

（8）面谈（68%）和网络（63%）已成为辅导员解决学生心理问题的重要方式，其次是短信和微信（45%），电话交谈相对最为少用。而一般开展过心理辅导的，效果都是较好或很好的。

（9）在运用新媒体进行创新的工作中，遇到的困难为辅导员的精力问题。由于其平日工作压力大，很难挤出额外的精力进行尝试。另外一个相对较大的困难是相对较差的新媒体运用技能，由于技术要求较高而致使辅导员无从下手。此外，运用成本高也是辅导员遇到的一大问题之一。时间成本、精力成本等都需要辅导员在现行工作中进行协调。

4. 其他

（1）绝大部分辅导员十分愿意或愿意参加运用新媒体开展思政工作方面的培训，并且珍惜这种机会。

（2）经常举办"运用新媒体开展工作"的专门培训活动的学校约为1/3，一半的学校会有时举行，还有少部分学校很少开展。

（3）超过半数的学校很重视辅导员运用新媒体开展相关工作，并具有激励措施，但仍有近半数高校仅仅是表面重视或者根本不重视，也没有奖励措施。高校对于辅导员运用新媒体开展工作的重要性还没有完全认同，重视程度不够。

第六章 高校思想政治教育的传播内容

按照贝罗（David K. Berlo）在《传播的过程》一书中提出的 SMCR（Source Message Channel Receiver）模式，传播过程分解为信源（Source）信息（Message）、通道（Channel）、接收者（Receiver）。传播的最终效果由这四要素及它们之间的关系决定，每一要素也会受到自身因素的制约。本章中所讲的内容是思想政治教育的核心，是思想政治教育的基本要素之一，体现了教育任务和教育目标。没有内容的教育缺乏实质性的知识作为支撑，不能真正挖掘知识的内涵，使教学变得流于形式。思想政治教育的内容是对信息材料的选择，是信息中最为本质的东西。如何在众多信息中选择利于达到传播效果的内容，也是教育者必备的一种能力。贝罗在传播模式中将传播信息分解为内容、要素、结构、符号和处理五个因素。传播信息的过程也是教育者将信息进行编码、传递的过程。教育者的编码能力直接影响信息的呈现形式，继而影响传播效果。

一、思想政治教育的内容

思想政治教育的内容一般认为是根据一定的社会或阶级的要求，针对受教育者的思想实际状况，经过教育者选择设计后，有目的、有计划、有组织地输送给受教育者的相关信息。具体来说，高校的思想政治教育是针对大学生的政治思想和道德实际来安排的，以道德教育为基础，以思想政治教育为重点，以爱国主义、集体主义和社会主义教育为核心的教育内容体系。作为思想政治教育者，思想政治教育的内容基本从五个方面着手，即思想教育、政治教育、法纪教育、道德教育和心理教育。其内容广泛，具有层次性、相互融合、相互贯通，是一个彼此联系的整体。我国的思想政治教育，是在《中国普通高等学校德育大纲》《公民道德建设实施纲要》《中共中央关于进一步加强和改进大学生思想政治教育的意见》等文件指导下进行的，具体可细分为以下几个方面：①以马克思列宁主义、毛泽东思想、邓小平理论和"三个代表"重要思想和科学发展观为指导，深入开展马克思主义理论教育。②以历史国庆教育为重点，深入开展爱国主义教育，弘扬和培育民族精神。③以理想信念教育为核心，帮助学生树立正确的世界观、人生观和价值观。④以基本道德规范（公民）为基础，进行道德品质教育。⑤以大学生全面发展为目标，深入进行综合素质教育。❶

二、新媒体环境下思想政治教育内容发生的新变化

思想政治教育与新媒体的结合，就是使用多样的教学载体和手段，运用大量丰富而生动的教学信息创造性地引导学生参与到思想政治教育中来，帮助大学生树立正确的思想观念、价值观念。新媒体在教育领域的应用为思想政治教育的教学手段、方式和效果带来了全新的变化，将以互联网为基础的多种媒介形式运用于思想政治教育当中，如微博、微信和博客等使思想政治教育更加灵活和高效。按照贝罗传播模式的五个因素来看，内容上，新媒介具有海量信息有利于教育者和被教育者低门槛地从众多信息中获取有用材料，为其所用；要素上，由新媒介应用而产生的新生符号迅速增加，随之符号所承载的意义也更为广泛，如"APEC蓝""吐槽""走你""酱紫"等，文字所承载的意义已经超出本身的内涵，使表达更加精妙有趣，更加贴近信息所传达的本质，将难以简洁描述的状态或情感传达得十

---

❶ 钱海东. 当代中外高校思想政治教育比较：内容、方法与目标[D]. 上海外国语大学, 2009.

分到位，意义表达更加贴切。如果将其恰当地运用到课堂教学，那么表达将不再局限于书本知识的灌输，而是别具情趣地转化相对无趣的内容，时尚而巧妙地增强课堂吸引力，拉近师生距离，扩大话语空间；处理上，由于载体的多样性，教育者和被教育者都能对符号和内容掌握得更加及时、全面和准确，因此有助于教师做出正确的安排，整体上提高教学质量；结构上，更多地依靠教育者的信息处理能力，教育者要有能力选择恰当的信息进行搭配和排列，使教学更加通俗易懂；符号上，更多地要求教育者能够跟上时代要求，积极汲取新知识，将新的理论成果传授给被教育者。尤其在信息技术迅猛发展的当下，信息的及时性变得尤为可贵。陈旧的知识需要新的血液进行填充，教育者要积极主动地研究新情况、学习新情况、传递新情况，提高自身知识素养，将最新鲜的知识成果传授给被教育者们，运用最新的媒介技术辅助教学，发挥及时交互的优势，与传统教学相辅相成，共同促进教学水平的提高。

三、新媒体为思想政治教育工作带来的难题

新媒介为思想政治教育带来了崭新的局面，增加了教学活力、增强了教育信心。但在高校的适应和改进中，思想政治教育内容体系和教育教学方式、方法的改进不容忽视，仍然面临着较大的挑战。中共中央、国务院《关于进一步加强和改进大学生思想政治教育的意见》中明确指出，要"坚持以人为本，贴近实际、贴近生活、贴近生活""坚持解决思想问题和解决实际问题相结合。"然而，当前的大学生并不能积极主动地关注社会热点、难点问题，教师也容易进行形式教育，忽视大学生个人实际问题，忽视个人存在和幸福生活的内容。教学内容陈旧、教学手段单一、教师主导色彩浓重和学生积极性不高等问题阻碍着教学效果的实现。从思想政治教育的内容上看，目前存在的问题是不能够针对不同的学生群体展开相应的教育，层次性不鲜明。教师一般按照课本内容进行"灌输式"教育，对教学信息

缺乏有效的排列和组合，也难以快速汲取最新的理论成果，不重视实践，造成师生间吸引力降低，课堂乏味无趣。有些高校思想政治教育工作队伍不够健全和强大，凝聚力差，感召力不强，不能够很好地适应时代的要求。有些高校将传授科学文化知识置于首位，忽视思想政治教育在教书育人中的基础作用，管理力度欠缺，这些都影响思想政治教育内容的层次性、时代性和系统性。在新媒介多元化教学手段的冲击下，传统的一些做法难以适应时代要求。想要培育全面发展的社会主义事业接班人，必须积极应对，尤其在思想政治教育内容上不能懈怠。思想政治教育的内容是提升大学生思想政治教育吸引力和感染力的根本，是增强针对性和实效性的重要方法。国家《中长期教育改革和发展规划纲要（2010—2020年）》中明确提出，要切实加强和改进大学生思想政治教育工作，创新教育形式，丰富教育内容，不断提高思想政治教育工作的吸引力和感染力，增强教育工作的针对性和实效性。思想政治教育内容是思想政治教育的重要组成部分，体现着教育性质，是实现思想政治教育目标的保证。因此，加强思想政治教育内容的建设十分必要。在新媒介环境下，思想政治教育要与时俱进，迎难而上，迎接教育新局面。

4. 思政工作者应对思想政治教育内容新变化的途径探析

（1）思想政治教育内容更具时代性。时代性是思想政治教育必备的一个鲜明特点和基本要求，思想政治教育的目的是使人们的思想、观念适应时代发展的需要，跟随社会发展的变化而不断更新，而思想政治教育的内容起着尤为关键的作用。当前大学生思想政治教育已经发展成为以思想教育、政治教育、法纪教育、道德教育和心理教育五大要素为主的科学体系，是不断补充和完善的结果。只有跟随时代的步伐，才能使思想政治教育具备持久的生命力。在关乎思想政治教育的实效性的要素中，理论、内容和方法都和时代性密切关联。思想政治教育的内容最能反映社会发展现状和时代精神面貌，甚至决定了思想政治教育的性质和方向，体现着思想政治教育的着力点，直接关系到目标的实现程度。因此，加强思想政治教育的时代性就是要要求思想政治教育的内容紧跟时代步伐，体现时代精神。武汉大学教授熊建生在研究中指出，"面对国际背景、经济基础、体制环境、社会条件和传播手段的深刻变化，面对我国社会主义现代化建设和社会发展所出现的新情况，面对教育对象思想实际的新特点，要适应现代社会发展和人的发展的需要，从教育对象所处的现实社会存在、社会关系和社会关系中挖掘教育资源，不断调整、充实、深化和更新思想政治教育的内容。"纳入富有时代气息的内容要求教育者摒弃照本宣科的教育方法，积极关注社会现实和政策变化，将时代精神传及时传递给学生。同时，拓宽自己的知识广度，不闭门造车，也不故步自封，将具有时代有特色的内容，纳入教育体系中，将积极向上的思想观念转化为学生所能接受的语言传递给学生，使大学生能够领悟并接受符合时代主题的思想观念和知识信息，达到引导思想和行动的目的。

2012年11月，习近平总书记首次提出"中国梦"的概念，即每个人都要有理想和追求，每个人都要有自己的梦想。2013年3月，习近平总书记在全国人大一次会议上全面阐释了"中国梦"的内涵。要实现我国的小康社会梦想，完成伟大的民族复兴，就要让国家富强起来，继承中华上下五千年不懈追求的光荣传统，核心内涵就是要实现中华民族的伟大复兴。国家富强、民族振兴和人民幸福，既是国家之梦，也是每位国人的梦想。理想和信念能够指引人生的奋斗目标和前进方向。正确的理想和信念能够提升人们的精神境界，使人斗志昂扬，充满战斗力，是实现梦想不可或缺的重要元素。习近平总书记曾寄语广大青少年"要志存高远，增长知识，锤炼意志，让青春在时代的进步中焕发出绚丽的光彩"。大学生是树立理想信念的关键时期，也是做出人生规划的重要时期。做什么样的人、走什么样的路是大学生必须面对的人生课题，也是树立正确的世界观、人生观和价值观必须解决的问题。大学生思想政治教育就是按照中国特色社会主义事业对于大学生的发展要求，对大学生进行教育，使大学生达到符合我国社会所要求的思想政治政治品德的社会实践活动。

高校思想政治教育对大学生的成长和成才起重要作用。时代性原则必然要求将思想政治教育纳入中国特色社会主义的内容，为社会主义事业服务。同时，"中国梦"的实现也需要大学生这支装备精良的后备军，他们将成为实现中华民族伟大复兴的中坚力量。这便要求"中国梦"成为当下高校思想政治教学任务的必备内容。"中国梦"凝聚了整个中华民族的振兴希望和发展力量，是当今时代备受关注的话语体系，是充满激情斗志与创新精神的"时代标签"，是开展高校思想政治教育的新支点。高校思想政治教育工作者应将理论认知作为基本前提，将情感认同作为关键步骤，将自觉践行作为最终归宿，建立起系统完整的思想政治教育体系。通过构筑社会实践教育主阵地，营造校园文化教育主氛围，引导青年学子们高扬"中国梦"；并在此基础上追寻"青春梦"和"人生梦"，实现个人发展与民族振兴的和谐统一。然而，不少大学生缺乏理想信念，虚度年华，不严于律己。有的大学生沉溺游戏，精神恍惚，玩物丧志。也有的大学生崇拜金钱、权利，急功近利，一心沉迷于赚大钱、巴结权贵而不实干的信条之中。也有学生挥霍无度，无视家庭条件等，早已将"延安精神""雷锋精神"抛之脑后。国家梦和个人梦是息息相关的，个人梦的实现是国家梦实现的前提和基础。当代大学生应当肩负重任、不辱使命，培养强大的责任感，以"中国梦"为精神动力，坚持在中国共产党领导下走中国特色社会主义道路，秉持为实现中华民族伟大复兴而奋斗的理想和信念。尤其是入党积极分子和党员干部，更要坚定这一理想信念，追求更高的目标，树立共产主义的远大理想，并为之奋斗。

"新常态"也是当下思想政治教育应当及时纳入的内容之一。2014年5月，习近平总书记第一次提及"新常态"："中国发展仍处于重要战略机遇期，我们要增强信心，从当前我国经济发展的阶段性特征出发，适应新常态,保持战略上的平等心态。"目前,新常态被理解为不同以往的相对稳定的状态,不但经济呈现新常态,政治和社会建设也进入新常态。反腐成为新常态,群众路线教育力度更加深入,中国政治生活进入新阶段,而中国社会建设也呈现新常态,大力推进依法治国,创新和完善社会治理体系。经济新常态意味着我国经济增速由高速增长转为中高速增长,经济结构不断优化升级,从要素驱动、投资驱动转向创新驱动。只有深刻了解新常态的内涵,才能做好充足的应对准备。这需要高校的思想政治教育者打开眼界,抓住学生最关注、最现实的问题。2014年5月发布的《国务院办公厅关于做好2014年全国普通高等学校毕业生就业和创业工作的通知》指出,我国应届高校毕业生高达727万,创历史新高,就业工作的任务十分艰巨。面对新形势和新情况,新华网刊文指出,办学者、上学者和政策制定者必须适应这种"新常态",打破"惯性思维"和"依赖路径",并指出大学生是宝贵的人力资源,但高等教育大众化、普及化的趋势已经形成,要敢于走下神坛,进行脚踏实地的工作。不能只盯着公务员、机关事业单位和国企这些体制内的岗位,要敢于转变择业观念。❶ 就业是大学生最为直接和现实的难题,帮助学生树立正确的就业观、择业观,促进大学生就业也是高校思想政治教育工作的重要内容之一。适应经济新常态首先要认识经济新常态,这一任务是由高校思想政治教育工作者承担的。高校必须成为新形势下政策的积极引领者,带领大学生深刻认识经济运行变化的新趋势,适应社会生活的新面貌,并成为政策的支持者和践行人。要消除等待观望的心态,转化新思维和新理念,增强紧迫感和责任心,做到认清形势、适应形势和驾驭形势。

社会主义荣辱观、社会主义核心价值观和中国梦等都是时代发展的产物。思想政治教育者要增强主动性和创造性,改变传统观念,提高对思想政治教育的新认识,改变观念,做时代的代言人。高校若要在思想政治教

---

❶ 徐博,吴晶,刘奕湛. 如何应对大学生就业形势"新常态"[J]. 云南教育,2014(6).

育上有所突破，取得实效，一定要在内容上要保持新鲜性，使社会的发展与理论的发展和大学生现实的思想状况相符合，适应不断变化的新形势。

（2）思想政治教育内容更具针对性。目前，我国高校思想政治教育工作者队伍包括高校政治理论课教师和高校思想政治教育工作者两支队伍。高校思想政治理论课教师承担着马克思主义原理、时事与政治、中国近代史纲要、思想品德修养和法理基础课教学的任务，而思想政治教育工作者承担着对学生日常事务的管理实践工作。思想政治教育工作者相对分工明确，各司其职。然而，思想政治教育内容的层次性对其提出了更高的要求。它要求教育者能够针对不同的大学生群体展开相应的思想政治教育内容，不能进行教育内容和方法上的"一刀切"。在教育过程中，要重视个体特征，根据大学生个人的道德水准、思想基础、社会经历经验和学习能力的不同确定教育内容，应将思想政治教育的内容进行细分，并找到合适的教育对象，提升不同层次和类型学生的积极性，促进大学生的个性发展。

大学生思想政治教育的内容要注重现实性和针对性，应始终与时代保持一致，直面当前国际、国内重大理论和现实问题，解决大学生思想、心理和情感等方面的问题。同时，要始终关注现实的变化对于学生思想的影响，充分掌握学生个体独特的思想现实，有针对性地传授教育内容，开展教育活动，引导学生树立正确的思想观念。这也为高校思想政治教育的工作者提出了更高的要求。高校教育者要提高职业素养，不但熟练掌握思想政治教育的一般原理、理论和方法等，还要具备丰富的经验，灵活地应用各种工作条件和方法来解决具体问题。同时，还要展现自己的人格、才华和阅历等，提高自身的工作艺术。教师在进行思想政治课堂教育，应能够将课本上需要机械记忆的知识进行分解和简化，采用学生喜闻乐见的语言形式进行讲述，以视频、音频、图像和动画等形式加深内容的理解。学习过程中要重视培养学生的创造力和想象力，尊重学生的选择、批判、辨别和反思能力，并能够根据不同学生的课堂反应做出相应的调整，根据不同学生群体的特点选择和设计相应的教育内容。此外，还应能顾及个体对于知识的接收能力，鼓励大学生参与课堂，积极地以多种形式完成作业，增加课堂吸引力和感染力，激发思想政治教育的内容求知欲和践行的意愿。

近年来，我国处于结构调整时期，经济增速放缓，不少认识不深刻或别有用心的人在网络散布不良言论，煽动公民情绪。而大学生面对鱼龙混杂的网络言论，往往缺乏辨别能力，不能完全透过现象看本质，很容易掉入舆论陷阱，在不自觉中成为恶意言论的帮凶，为其利用。因此，面对多元化、复杂化的新媒体环境，思想政治教育者要具备前瞻能力，在大学生未被不良言论裹挟之前，对其加强教育，帮助他们提高辨别是非的能力。教育者应根据事态的进展状况及时给予解读，将疑点、难点讲解给学生，从利弊两方面深入剖析，使学生形成正确的价值观，在网络面前保持冷静和理智，并积极同违法言论做斗争，引导正确的舆论走向。

同样，面对低俗的校园文化要敢于批评指正。例如，"消费主义"盛行，不少贫困学生用奖学金、贫困补助来买高档手机、电子产品等，不顾自身及家庭的消费能力而盲目攀比，把满足虚荣心当作自我价值的实现和人生目标的追求，出现混乱的价值取向。对学生在择友、择业时，以利为重、求及格混文凭，以及考试、论文写作不诚信等问题，可以进行专题教育活动，把思想道德建设的内容具体落在实处，不空喊口号，有重点、有针对性地进行教育，提高教育的实效性。

网络世界丰富多彩，不同的文化传统，价值观念和行为方式充斥其中，鱼龙混杂，不少大学生沉溺于网络游戏、网络交往和网络购物等行为，不能够正确处理虚拟世界和现实生活的关系，导致产生网络心理障碍，以及是非标准模糊和理想信念迷失等问题。学校可以有针对性地开设网络心理教育课程和心理咨询服务，普及网络心理知识，及时发现学生心理变化，有针对性地开展心理教育，帮助学生培养健康的网络心理。此外，还应加大大学生的网络法治教育，培养网络法治意识，增强学生的自我保护和约束能力,帮助学生树立正确的网络使用观念。网络和新媒介的过度使用致使媒介消费异化现象的产生,"低头族"成为常态,使不少学生心理冷漠,不关心他人、集体和社会,人际关系淡漠。也有大学生自制力差,禁不住浏览网上的反动、黄色和暴力等不良信息,思想政治教育者可展开网络德育教育和法制教育。"志愿服务"是大学生进行社会实践的一种重要形式,是社会实践活动的重要方面,在服务过程中可使其完善自身道德修养,提升个人价值理念。志愿服务大学生作为开展志愿服务活动的主要群体,面对常持冷漠态度与缺乏这会责任感的学生,可鼓励其参与志愿者服务的社会活动,培养其志愿服务的精神,使其在服务过程中实现价值观,提升个人道德品质,培养社会责任意识和奉献精神。

目前,我国正处于改革发展的关键期,经济体制和社会结构都在发生着深刻的变革。利益结构的不断调整和思想观念的深刻变化,给我国社会发展带来进步的同时,也带来各种问题和矛盾。当代大学生还没完全形成过硬的认知能力,难免对社会的种种变化充满好奇,甚至产生疑惑和怀疑。面对众多具体的实际问题,需要思想政治教育工作者根据现实需要进行安排。例如,学生对于"反腐""社会丰义市场经济""新常态"等社会热点有浓厚的求知欲望,高校应当积极响应,针对学生的思考和疑问进行解答,不断调整和丰富教育内容,做到有的放矢,对症下药,获得良好的教育效果。

(3)思想政治教育内容更具趣味性。思想政治教育内容的语言风格同样会影响教育效果。生动和趣味的语言更能吸引大学生的兴趣能够引发学生共鸣,打破对思想政治教育内容刻板而无趣的印象,使学生产生新的认识,积极主动投入到思想政治教育的学习中来。

红色资源是大学生思想政治教育的重要载体之一,也是思想政治教育内容不可或缺的一部分,是高校对大学生进行思想政治教育的宝贵资源。它能够培养学生的爱国情怀、坚定的理想信念,是建设社会主义的不竭动力。物质性的红色资源包括革命遗址、文献、文物、照片和影视作品等。非物质性的红色资源是凝聚在我国革命、建设和改革的伟大历史进程中，体现在具体的历史事件和地点中的一种精神力量，如井冈山精神、长征精神、延安精神、铁人精神和抗洪救灾精神等。红色资源丰富、生动，富有感染力和说服力，能够更加真实、形象地还原历史事件，将抽象的革命理论具体化、形象化，从而利于大学生提高思想觉悟，使其充满学习热情。新媒体的应用促进了思想政治教育手段的多元化，红色资源完全可以融入课堂教学中，如红色资源的图片、纪录片和文献资料等。此外，还可以进行红色旅游、场景模拟等形式丰富大学生思想政治教育方法，发挥其隐形教育的作用，增加学习的新鲜感和趣味性。然而，目前高校政治老师对红色资源的利用并不充分，因而提倡高校重视对于红色资源的挖掘程度，充分利用红色文化、红色精神丰富思想政治教育的内容与方法，结合新媒体技术增加教学的灵活性与可操作性，从而新增思想政治教育的实效性。

2012年8月，继华中科技大学推出了首个国内高校官方微博，越来越多的高校开始重视这一新兴媒介的传播平台。高校通过开通微信公共账号、定期更新并及时推送信息的形式服务于广大师生群体，获得了不少师生的喜爱。作为一种校园媒体，微信时尚而新颖，具有消息制作周期短、更新快和内容覆盖面广等特点，利于师生方便快捷地接收最新消息。尤其微信的日常管理者一般为高校共青团和学生组织，他们在微信选题、制作上更加贴近学生群体的需要，因此可发挥微信公共账号推送信息的时效性和内容的贴近性，大大拓展了思想政治教育的新视野，增强了感染力和趣味性。

"北师微生活"是北京师范大学珠海分校推出的一个公共账号，致力于分享校园热点资讯、有趣文章和校园文化。同时，它也是日常生活中吃喝玩乐的好指南。以下是"北师微生活"所分享的部分文章。

2014年11月12日
【北师故事】挺住，意味着一切

"前几天有个朋友询问我：自己大学读错了专业，工作上各种不顺心，辛苦奔波，表面光鲜而已。他觉得未来一片迷茫，问我

阅读原文

2014年11月19日
【北师生存秘籍】第二弹 天哪，我的学生证掉了怎么办

简直
不造
肿么办

【北师生存秘籍】第二弹 天哪，我的学生证掉了怎么办？Q：天哪，我的学生证掉了该……我该怎么办！

阅读原文

2015年1月23日
北师各专业毕业生月薪报告，软件工程居第一

在校学习比成绩，出来工作比工资，这比啊比啊比，真是不比不知道，一比气死了个人，咋差别就那么大呢？

阅读原文

2014年12月4日
感觉累，一定是你打开生活的方式不对

很多时候我们感觉自己活得累，其实生活的必须品，比如阳光、空气、水，都是免费享用的，你又为什么会累你呢？1.微

阅读原文

2014年12月10日
看看清华的同学在大学四年干什么，非常值得我们学习

（一）永远不要说你已经尽力了，我在高中时体育特别差，跑1000米很要命，从来都是不及格。到了清华之后，第一节

阅读原文

2015年1月20日
当年，马云还是屌丝时和我们有什么不同

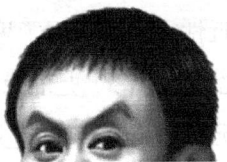

在成为首富前，马云实打实的是一个"屌丝"：出生于普通人家，教育背景相当一般，在第三次参加高考之后，才被杭州师范学院录取，首份工作月工资不到100元……当马云还是屌丝时，他和我们有什么不同？

阅读原文

其选题新颖而有意义，从学习到工作，从日常生活管理到个人精神激励，无不围绕着学生的所思所想而进行，打开了高校关于就业动态、心理指导和社会热点等方面的另一扇窗。它通过另一种方式潜移默化地对学生开展着思想政治教育，增加了阅读量，吸引了学生的注意力。微信作为大学生备受青睐的社交软件，使学生容易接收"信息推送"这一资讯获取方式。其幽默风趣的语言风格也更加贴合当代大学生乐于接受新事物的特点，更容易引起他们的共鸣。"北印微生活"在即将开学之际，用幽默有趣的语言风格和图文并茂的创作方式完成了一次通知任务，不但印象深刻地告知了报道时间、具体安排和注意事项，还风趣地提醒了公交卡的激活办法，并巧妙地激励了大学生要常去图书馆，争当学霸的决心。微信改变了以往严肃而刻板的公告形式，使学生在愉悦中接收信息，并主动参与其中。

☆ 三个校区学生公寓2月27日早8时统一开楼。这之前有提返校的学生，统一集中安排住1号楼。

学生能自己证明是本校学生的可直接去本校区1号学生公寓楼登记，没有学生证、校园一卡通的学生需要各二级学院学工老师通知后安排住宿。返校学生被褥由各校区负责宿管老师开门拿取。

好了，节后胖三斤，请带着你圆滚滚的身材，拖着你满满的行李箱！及时返校，给你学生证上盖章！

（对了，你的学生公交卡，是需要激活滴，具体方式方法问可爱的学长学姐，频繁放电卖萌，没准儿还能帮你激活了。）

小北不可能这么乖的，对不对！

给你拖后攻略：

对不起，您的假日余额已不足
请及时充值。
充值方式有：
发烧请假1~5天
感冒请假1~3天
头晕肚痛均一天
特价优惠，不交学费可终身待机。

呦，差点忘了，还有一句开学豪言壮志：

这学期我一定好好学习！！！真的！！

这个吧，挂没挂科，都是这么说滴，小北当然也希望你是这么做滴！
记得，这学期，去踏破图书馆的门槛！（别忘了带一卡通。。。）

要提高思想政治教育的实效性，就要在趣味性、有用性上下工夫，采

用丰富多元的教学模式和方法，增强双方互动，使学生在创设的真实、有趣的语境中感知教育信息，这样才能调动学生积极性和主动性，增添思想政治教育的吸引力和感染力。

第七章　高校思想政治教育传播通道：教育载体

贝罗在《传播的过程》一书中提出的 SMCR 模式，将传播过程分解为信源信息、通道和接收者。传播的最终效果由这四要素及它们之间的关系决定，每一要素也会受到自身因素的制约。本章中所要提到的"通道"是思想政治教育的载体，是信息传递的中介，也是思想政治教育内容得以传播所不可或缺的平台。贝罗将通道的影响因素分为视觉、听觉、触觉、嗅觉和味觉。运用通道的过程，正是人们调动各种感官进行接收信息的过程，而不同的通道因自身特性会展现出不同的传播特征。不同的通道调动的感官不尽相同，从而产生的传播效果也不相同。广播、报刊和电视等大众媒体和以互联网、手机媒体等为技术载体的新媒体都是新的时代背景下思想政治教育的载体。新媒体在呈现方式上为多媒体，常以声音、文字、图形和影像等符合形式呈现，往往能够调动起接收者的各种感官。其互动性强、全天候的海量信息等其他方面的优势更加扩展了新媒体的运用范围。由于大学生群体特征和思想政治教育创新的需要，利用新媒介作为教育载体已成为思想政治教育的重要运用领域，其发展势头不可小觑。能否有效利用新媒体载体进行思想政治教育，也将成为影响思想政治教育实效性的重要因素设置的关键性因素。

新媒介环境下教育载体发生的变化有以下几个方面。

一、思想政治教育载体及其特点

信息载体是在信息传播中携带新的媒介，是信息赖以附载的物质基础。可以是声波、光波和电波等无形载体，也可以是纸张、胶片、磁带或其他储存信息的有形载体。思想政治教育载体概括地说是指"在实施思想政治教育的过程中，能够承载和传递思想政治教育的内容或信息，能为思想政治教育主体所运用，促使思想政治教育主客体之间相互作用的一种物质形式和物质实体。"❶ 这也体现了思想政治教育载体的一些特点。第一，承载性。这是载体最基本的功能，要能够承载内容和信息；第二，中介性。要能够为思想政治教育主客体提供两者共通共享的平台和阵地。思想政治教育工作历来受到高校的密切关注，在长期的办学实践过程中，教育者于不同时期不断探索出形式多样的思想政治教育载体，有人按照思想政治教育载体发展的历史脉络进行了以下归类❷：①以传统载体为主的主要形式。课堂教学载体，这是大学生思想政治教育的主渠道和这阵地；传媒载体，主要指报刊、广播和电视等为主的大众媒体；谈话载体，可以是会议、报告、座谈和谈心等形式；典型载体，通过树立典型人物和宣扬典型事件的形式为大学生树立榜样；活动载体，如社会调查、公益劳动和社会服务等实践形式。②现代载体。网络载体，主动占领互联网宣传阵地；文化载体，校园文化氛围的创建、文化产品的使用等；管理载体，思想政治教育管理活动；心理咨询载体，心理咨询专家和咨询室的创建。

思想政治教育载体形式多样，各种载体间相互相互促进、相互补充，共同产生作用。通过对思想政治教育载体的分类不难看出，思想政治教育载体形式多样，各具特点。它们分别从不同方面和维度加强对大学生的思想政治教育，并各自发挥优势，形成一个网络，共同促进大学生的思想政

---

❶ 杨瑞青.思想政治教育新媒体载体研究[D].长春：东北师范大学,2012.
❷ 孔祥军.论大学生思想政治教育载体的发展和创新[D].山东师范大学,2007.

治教育水平的提高。例如，大众媒体强大的"议程设置功能"，通过把关功能传递对大学生成长有利的内容和信息，引导社会舆论，推动舆论向正向的、有利于社会发展的方向迈进；声像兼备的媒介形式更加有利于大学生的理解，延伸了思想政治教育理论课的单一形式，使其更加具有吸引力；学校开展的各类实践活动，为大学生思想政治教育提供了展示和锻炼的机会，且丰富了大学校园生活，使大学生开阔眼界、增长见识、提升人际交往能力等；谈话载体又能拉近师生间心灵的距离，使教师及时发现并解决大学生面临的最实际的、最迫切的难题。众多的媒介形式可以在同一个时期内同时进行，使政治教育、德育教育、心理教育和法制教育多管齐下，发挥不同媒介的优势和特点，相辅相成，共同培育大学生成为德、智、体、美、劳全面发展的高素质人才。

思想政治教育载体是一个客观发展的过程，具有时代性特征。载体具有物质性的特点，其产生和发展及被广泛应用不是一蹴而就的，而是一个具体的、客观的过程。思想政治教育的载体也是不断发展的一个过程。每个载体被发现和应用都是具体的、历史的过程，并且能够反映当时的思想政治教育水平和发展状况。图书、报刊、广播、电视和网络都可以成为网络思想政治教育的载体，并且载体并不是一成不变的，是不断完善和革新的，并能随着时代的变化不断创造出新的载体形式。加拿大学者麦克卢汉提出著名的观点"媒介即讯息"，指媒介本身才是真正有意义的信息，强调了媒介的重要性。只有有了某种媒介，才能够从事与之相适应的传播活动。因此，对整个社会来说，真正有价值、有意义的"信息"不是各个时代的媒体所传播的内容，而是这个时代所使用的传播工具的性质，以及它所开创的可能性以及带来的社会变革。它能够帮助我们理解思想政治教育载体的重要性，每一次载体的创新都能带来新的变革。大学生思想政治教育的载体是随着大学生思想政治教育的产生而产生，是随着现代经济社会发展的产物。它适应大学生思想政治教育的新变化，具有鲜明时代特征。许多传统载体是随着时代的发展而不断丰富和完善的，并被赋予了新的时代内涵，尤其在网络与新媒体发展势如破竹的信息时代，媒介作为载体的应用将为思想政治教育带来全新的变革。这是时代发展的体现和要求，也是思想政治教育适应时代发展步伐的要求。随着科技的进步和社会的发展，载体将会更加丰富和先进，并会越来越多地被教育者们发掘和应用教育者们会利用不同载体的优势特征，为传递思想政治教育创造更加快速便捷的通道。

新媒介在高校的广泛应用，也促使高校教育要转化思维，适应新变化。新媒介营造的媒介环境平等而开放，信息资源丰富而易获得。观看视频、听音乐、浏览新闻等也成了大学生日常生活的一部分，新媒介的实用性功能也备受大学会青睐，如网上购物、手机打车、导航和网上订票等。众多不同种类的客户端一开发便受到大学生的普遍欢迎，成为手机软件中的必备款。相对传统媒介而言，新媒介作为新生事物彰显出了强大的生命力。根据第34次中国互联网信息中心关于移动互联网调查报告显示，我国手机网名数量不断增加。截至2014年6月，相比较2013年，我国使用手机上网人群比重进一步提升，手机网名规模达5.27亿，且手机网民规模首次超越传统PC网民规模。在手机网民中，学生群体占比最大，达到24.9%。❶ 手机作为新的信息传播终端，已经不再局限于通信功能，手机报、手机视频、手机微博、播客等各种应用软件、游戏软件等已成为新媒介发展的强大推动力。新媒介在满足人们不断增长的物质文化需求时，为高校的思想政治教育带来了新的机遇。高校要顺势而上，积极把握新媒介传递信息所具备的数字化、多媒体、实时性和交互性等独特优势，同时也要兼顾对大学生可能存在的潜在负面影响，如道德情感冷漠、道德认知紊乱、网络法治意识薄弱，人际交往异化，心理问题频发等问题。高校必须要慎重考虑如何

---

❶ 中国互联网络信息中心. 中国移动互联网调查研究报告[EB/OL]. [2014-08-01]. http://www.cnnic.net.cn/.

利用迅速发展的新媒介载体开展思想政治教育工作，趋利避害，让新媒介载体成为促进思想政治教育的有效方式。新时期的辅导员要从传统的管理模式中走出来，把自身的管理者角色定位转变到学生服务的服务者，与学生做朋友，走进学生的内心世界，使学生增加对辅导员的信任感和亲近感，使学生更加乐意主动接触辅导员、求助于辅导员。

二、建设思想政治教育网站

开展思想政治教育要善于运用网络平台，主动占领网络思想政治教育的新阵地。加强网络文化建设，使网络平台成为弘扬主旋律、开展思想政治教育的重要手段，这不但是国家政策明确给予方向性指导，也是网络迅速发展，高校积极迎接挑战和把握机遇的客观要求。互联网具有信息资源含量大、资源共享性强、传播速度快和影响范围广的优势。利用网络开展思想政治教育工作，能够拓展思想政治教育的新空间，延伸课堂的理论教学。通过倡导主流文化，可促进高校形成积极上进、先进文明的校园文化氛围，整体上提高高校师生的政治素养、德育素养，以及思想政治教育的实效性。

（1）运用网站宣传最新的马克思主义理论成果。马克思主义是无产阶级思想的科学体系，从其产生到发展，都展现出了强大的生命力。它是以实践为基础的科学性和革命性的统一。马克思主义是不断发展变化的，马克思主义中国化也是随实践发展而不断变化的。马克思主义中国化的理论具有先进性、科学性和时代性特征，是不断丰富和发展的理论体系。构建马克思主义理论学习和研讨的平台，积极宣传马克思主义的立场、观点和方法，可发挥主旋律网站和校园网的舆论引导功能。通过建立红色网站，宣传先进的马克思主义最新理论成果，能加强师生间、同学间的马克思主义理论交流互动，充分调动大学生学习的主动性和积极性。这将有利于对网络的兴趣和理论的学习进行有机结合，用最先进的文化成果武装大学生，使其坚持科学发展观，坚定实现社会主义的伟大信念。

（2）建设实用性强、贴近大学生活的校园网站。校园网站设置的最终目的是服务广大师生，因此以思想政治教育为主题的网站也要本着服务学生的理念，考虑大学生这一受众群体的需求和特征。网站的主题和内容设置要能贴近学生、贴近实际。如建立校园新闻网，并开通讨论、评论版块，使大学生能够及时关注社会热点、关注国家大事，并敢于发表个人观点。在大家的讨论过程中，能形成正确的认识，解决思想困惑和问题，并使学生能在众多的消息中把握重点，提高分析能力、辨别能力、认知高度，拓展思想政治课堂教育的内容和资源。也可以开设网上辅导员流动站、心理指导中心、就业指导中心和校园文化活动中心等栏目，开设同学录、留言板和网上调研等交互性频道，以增加学生之间的友情。

当然，在建立思想政治教育网站时，要坚持持续性原则。要及时更新，认真对待，真正投入精力进行网站建设。避免网站内容枯燥、信息陈旧，真正做到融实用、趣味、服务为一体，引导学生进行互动交流，创建和谐、民主、文明的话语空间和交流平台。不打压、不攻击，以德服人，展现大学生的较高的文化素养、道德品质。此外，也要敢于创新，将好的创意用于网站建设，促进网站的优化和完善。

三、利用QQ群空间开展思想政治教育工作

QQ群是腾讯公司推出的集群相册、群文件、论坛、讨论组、群视频和语音等功能于一体的多人交流工具。有共同兴趣爱好的人可加入到同一QQ群内，成为好友。大学往往以班级或者专业为标准创建QQ群，形成一个虚拟的网上班级。它是包含了班主任、辅导员、班长、团支书及其他学生在内的一个QQ群组。凭借QQ群，老师与学生之间、学生与学生之间既可实现一对多、多对多的对话，也可实现一对一的对话。QQ群能够综合运用多种功能，如在线聊天、视频电话、语音对话、文件传送、文件共享、邮箱

发送等。群功能操作方便、功能强大，受到高校师生的普遍欢迎。它为思想政治教育拓宽了教育渠道，是师生共同青睐的新园地，是一种便捷、有效的教育手段。

（1）利用QQ群进行大学生日常的管理工作。辅导员的工作相对琐碎复杂，涉及面广。他们照顾的对象多，很难事无巨细地对所有工作都进行充分的准备，如多次召开班会、频繁找人谈心等。QQ群能有效地解决这些问题，分担辅导员的工作压力，使工作更加灵活多样，使其日常管理工作变得更加轻松、有效。对于重要的事情，可以采用班会、讲座等形式进行讲解，而小事、琐事可以通过在QQ群发布信的形式告知学生，或单独告知。通过在QQ群发布信息可提高工作效率。QQ群里共享的文档、图片、链接等向每个人公开，群组成员可以实现资料、信息的共享。每个人都可以浏览、下载，这便大大缓解了辅导员重复单一的工作，提高了资源利用率和辅导员的工作效率。QQ聊天创建了平等的话语平台，使每位学生都有发言机会，都可以作为一个独立的个体而受到尊重它还能使教师及时得到学生的反馈，形成与学生交流、探讨的话语空间，利于辅导员掌握学生们的思想动态，从而进一步确定下一步工作走向。QQ匿名性的特点使学生更乐于袒露心声，表露真实想法，可拉近师生距离，克服辅导员所担忧的面对面交谈所带来的沟通障碍。

（2）利用QQ群能辅助大学生心理健康教育。大学生在大学期间不但要学好专科课、还要学会与人相处，做好人生职业规划等。他们常常为学业和求职忙碌着，但由于大学生心智还没有完全成熟，也没有很多的社会经验，没有能力全部处理好这些事情，很容易情绪不稳定，产生偏激心理和行为。对偶尔的挫折和失败也不能够勇敢面对，很多小问题都成了困扰他们已久的大问题，由此而感到烦恼、焦躁。这些负面情绪如果不能够得到释放，很容易越积越深，出现心理障碍，影响大学生身心的健康成长。QQ群的创建能够搭建学生们共同的话语平台，谈论共同的话题。讨论也好、争论也罢，能够使学生找到情感宣泄的窗口，某种程度上可从中找到情感的支撑，将内心的苦闷、烦恼一吐为快，有利于现实生活中大学生对自己情绪、状态的调节，从而以更饱满的精神投入学习工作中。QQ群形成了网络上虚拟的班集体，能够增强班级凝聚力，让个体成员产生归属感和团体意识，从而增进同学间、师生间的友谊。群成员间平等、自由的谈话，更容易使大学生畅所欲言，表露真实情感，而辅导员也能够发挥强大的洞察和观察能力，从交谈的内容、语气、语调和态度中把握学生的心理特征，进而可有重点、有针对性地对学生进行心理疏导，及时为其答疑解惑，避免大学生因心理健康问题引起的失足行为。

（3）利用QQ群指导大学生就业。就业教育是高校辅导员进行思想政治教育的一项重要内容。辅导员要能根据就业形势和就业政策给予毕业生以实用的就业建议和意见，帮助大学生认清新的社会环境下就业形势和需求，端正就业心态，树立正确的就业观念。辅导员作为大学生就业教育的实施者，每年都会面临众多毕业生的就业问题。每一位同学的就业状况都不尽相同，因而指导就业是一项需要耐心、细心和责任心强的复杂工作。要想在杂乱的情况中得心应手地应对工作，QQ群起到了很大的作用，它为大学生就业指导开通了新的渠道。

辅导员若要增强服务意识就需要广泛搜集各种就业信息，及时告知大学生当下的就业形势及新的变化。QQ群能为就业信息、政策宣传、就业技巧的传达提供有效平台，可迅速便捷地将国家和学校的最新就业政策告知群内的每位大学生，使学生充分了解就业的相关政策，掌握求职知识和技能。对于动态的招聘信息、用人单位的情况等，辅导员可根据自己的了解和学生的反馈及时发布到群消息，让更多的学生及时把握机遇，紧抓面试机会，为就业做全面的准备。当然QQ群也为学生的就业反馈提供了平台，每位学生的就业情况都可以通过在线交流的形式进行汇报，具有时效性。他们无须从实习地点赶到学校进行当面汇报，省去很多时间。此外，汇报内容能够在辅导员那里形成汇总，辅导员可对反馈回的信息进行分析和整理，进而进一步传达给大学生就业的新情况、新趋势，为大学生创造更多的实习机会。学生与学生间的 QQ 交流也能够有效缓解辅导员的工作压力。众多的学生通过相互联系、及时沟通，可了解其他同学的工作性质、薪资状况等，为自己提供参考，及时掌握用人单位新的招聘岗位，用人情况，为自己增加求职机会。

辅导员通过 QQ 可对特殊群体孩子的就业工作付出更多的精力和爱心，如对经济困难的学生、少数民族的学生、特殊家庭的学生等，能有重点有针对性地给予关怀和帮助。当然，QQ 群还为辅导员进行就业心理指导提供了有利渠道。"大学生在求职过程中出现的一般心理问题主要有情绪问题（如焦虑、恐惧和抑郁）、自我认知问题（如自卑、盲目自信、骄傲和盲目从众）以及人际问题（如嫉妒、依赖和情感淡漠）。"❶辅导员不能伴随每个学生进行实地实习，而这些心理问题严重阻碍了大学生对求职就业的正确认识，要实现远距离的及时干预和疏导，可依靠 QQ 的及时沟通。辅导员要有针对性地进行引导，帮助学生端正心态，勇于面对挫折，提高心理承受能力，正确处理好个人与社会的关系，从而更好地实现社会价值和个人价值。

四、利用博客进行网络思想政治教育

运用博客进行思想政治教育要求辅导员学会运用博客这一载体，根据大学生的自身特点和社会要求，依据思想政治教育内容、原则和方法等进行有计划的、有目的的教育实践活动。作为主渠道课堂的补充，博客可增添思想政治教育的时效性、灵活性和趣味性。其活动形式可以是发布文章、评论学生博客、与学生互动等形式。通过将辅导员经过自己筛选和编撰的

---

❶ 曾艳. 浅谈高校辅导员如何开展大学生就业指导工作[J]. 职业, 2012(6).

有益内容发布到博客上，传递积极健康的思想政治教育相关信息，从而帮助大学生正确认识自己、他人和社会，潜移默化地提高大学生思想道德素养和科学文化素养。

博客已经以很快的速度融入社会生活中，作为服务大学生校园生活的辅导员来说，博客为思想政治教育载体开辟了新的教育窗口，提供了有效的教育手段。有学者将博客的思想政治教育功效归结为三个方面：①思想导向功能。辅导员可及时发布学生最关心的思想政治教育素材，或者基本思想道德教育价值观等方面的教育观点；②思想交流功能。博客的实时交流性和平等性为交流双方创造优越的条件，可展开积极互动的双向、多向交流和点对面的立体交流。③渗透覆盖功能。辅导员通过正面的宣传教育、师生间的交流互动等实现教育的深度渗透，突破时空限制，进行广泛深远的传播。[1] 发挥这些功效需要辅导员善于把握博客的特征，敢于尝试新手段和新方法，以认真负责的态度管理博客。此外，还要与学生进行广泛深入的探讨，成为网络上学生们的"意见领袖"，正确引导其价值观念的形成。

博客为辅导员在网上开展思想政治教育工作搭建了新平台。博客内容为记录学生的动态、了解学生的情况创造了条件。不同观点的出现、交流和碰撞，展现了不同学生的观念想法、性格特征，有利于辅导员从课下（线上）了解真实的学生状况，并给予学生及时关注，拉近师生之间的心灵距离，进而进行有针对性的教育工作；辅导员可将思想政治教育相关的信息发布到博客上，用于补充课堂教学中由于时间、空间限制而没完成的任务。博客可以容纳文字、图片、视频和音频等多种形式，使内容更加丰富和饱满，更受学生欢迎。学生通过网上浏览、观看、下载和评论等形式进行学习和思考，能及时与师生交流学习心得、提出疑问并得到反馈，从而增添了学习乐趣，突出了自主性学习的优点，进而提高学习效率；对辅导员而言，师生间交流讨论的问题和话题，不但能够为学生答疑解惑，还利

---

[1] 唐斌. 网络视角下的思想政治教育方法新探[M]. 成都：西南交通大学出版社，2014.

于自我反思教学聆听学生为老师提出的工作建议，有利于其改进教学方法、提高教学水平，形成课堂、博客合力互补的教学模式，提升教育实效性；传统思想政治教育工作以辅导员为教育者，发挥教育主体的作用，容易忽视大学生的个性特征。学生们的声音比较微弱，常常得不到重视。而以博客为载体的思想政治教育，学生既可以是博客的博主，也可以是辅导员和同学博客的评论者，打破了教师"一人发声"的不对等局面，有利于激发学生积极性和创造性，是以人为本、尊重学生主体性的表现、通过平等的交流互动，可创建民主自由的校园氛围。

高校逐步认识到博客这一思想政治教育载体的重要性，很多辅导员也尝试用这一新路径来提升教育的实效性。但在实际应用中，目前学生还没有形成通过博客学习思想政治教育相关内容的固定习惯，辅导员博文的浏览量和反馈并不多，因此对这一新型的教育模式仍需要做出尝试和改进。

（1）加强博客内容建设。内容是根本，"博客内容的多样性、时代性、教育性、学术性和趣味性，在一定程度上决定了教育博客的成效。"❶ 优秀的辅导员要能够将优秀的民族文化、优良传统美德与典型事例相结合，将通俗理论与个性案例相结合，减少过于表面化、形式化的理论描述，结合图片、音频和视频的优势，增强博客吸引力，及时对社会热点予以关注，引导正确的舆论导向。利用博客的及时性、公开性的优势，可传达学校的各类文件、通知和管理规定等信息。通过留言回复等形式来答疑解惑，增加内容的实用性。多些原创内容，增强内容的贴近性和时效性，培养更多的学生形成利用博客上进行思想政治教育的习惯。

（2）加强对博客的日常管理。由于辅导员日常工作繁琐而忙碌，很难有多余的精力进行博客管理，因此很容易产生博客教育不持久的情况。这将给网络中其他不良信息以可乘之机，如西化的价值观，反动、低俗、色情的信息和广告等。这会使其与最动的教育目标相违背。因此，辅导员有

---

❶ 周毅. 加强高校博客思想政治教育的对策研究[D]. 太原理工大学,2011.

必要重视博客的日常管理,不能"两天打鱼、三天晒网"式地应对。要提高"两手抓"的能力,重视博客建设,能够从学生需求出发,进行长期而合理的规划。从加强辅导员之间工作经验交流或加强辅导员博客团队建设着手,积极汲取博客管理的经验和智慧,增强管理能力。当然,为也有赖于高校相关配套措施的实施,如建立网络监管体系,加强大学生网络规范意识等,通过通力合作,可使博客在思想政治教育中发挥出应有的功效。

五、利用手机短信开展思想政治教育

随着手机的普及,短信已经成人们人际交往、情感交流和获取信息的重要方式之一。短信的内容以文字为主,可加入表情动画、表情符号和图片等,以迅速的使用功能受到广大用户的喜欢。短信可一对一发送,也可一条信息向多个用户发送,成本较低,经济实用。短信已逐步融入日常生活,它不仅拓宽了思想政治教育的广度,还提高了思想政治教育工作效率。在高校,手机几乎成了大学生的必备品,其携带的短信功能也被广泛应用。短信为辅导员进行思想政治教育提供了又一个有效手段,开辟了思想政治教育新模式。运用短信开展思想政治教育是辅导员将短信作为一种传播媒介,以一定的思想观念、政治观点、道德规范和法制观念等内容置于短信中,发送给受教育者(学生),并通过回复的双方进行参与互动,达到思想政治教育的目标。运用短信开展思想政治教育,具有以下优点。

(1)信息发布灵活快捷、反馈迅速。在大学校园里,几乎人人都持有带有短信收发功能的手机。每个人都可能成为信息的发送者和接收者。可以说短信很少受到时间、空间的限制,它的特点是操作简单、接受方便,反馈及时。辅导员可将日常事项、学校通知和最新消息等情况编辑成文字发送给班干部或相关负责人;班干部们可再次将内容更为广泛地传递给全体学生;学生根据具体情况,作出相应安排。如有其他疑问,学生可继续向班干部回复短信,进行询问。班干部可通过自行回答或咨询辅导员的方式完成答复。有些复杂事情可能中途会多次交涉，因此短信操作便捷、反馈及时的优势均能得以发挥。辅导员还可根据工作需要，单独向某个特定的学生发送短信。短信具有针对性和灵活性，并且它还打破了时空观念，提高了师生之间、同学与同学间的交流频率，增进了相互间的情感。此外，短信反馈使辅导员掌握了更多学生的情况，降低了工作难度，提高了工作效率。

（2）短信内容含蓄、形象，易表达。短信是以文字和符号为载体的传播手段。语言文字如何表述也是一种艺术和技巧，汉语表达赋予了文字以简洁、灵活和含蓄等特点。短信可以文艺范式的表达，也可简洁明了、直截了当，再配上语气词，会使表达更准确。尤其网络流行语和表情符号的使用，大大增添了短信的巧妙性和趣味性，使得表达更加随意和轻松。将短信这种语言特点应用到思想政治教育中，会让更多枯燥无味的内容变得生动鲜活起来，众多的表情符号，如（^_^）（不错）、ヽ（´▽`）ノ（哎）、(^o^)/YES！（对）、ヽ(^ω^)ﾉ（加油）等加入日常表达中，会使学生对辅导员顿时亲近感倍增，更有意愿和兴趣同辅导员进行交谈。短信发送与回复也给了短信接收双方充足的思考空间，甚至不回复也是间接的一种回复方式。当学生表达喜爱、道歉和后悔等情感时，面对面会略显直白，难免尴尬，口头表达可能不及文字表达来得真切、委婉。同时，短信还有存储功能，如果忘记具体的内容，可重新翻看短信内容。

（3）短信的传达更正式、权威，影响力大。随着网络的迅猛发展，即时通信工具得到了广泛的应用，如微信、QQ和MSN等，这也导致短信的使用有减少趋势。但作为高校的思想政治教育载体之一，并不能够被这些工具完全取代。反之，要相互补充，相互配合，将信息传递给每位学生，促进思想政治教育。手机短信能够克服即时通信工具对联网的要求，并且一般信号稳定，能快速接收、发送，避免有些同学因设置拒接群消息、信息免打扰等模式而错过重要通知，尤其是学校进行重大事件、突发事件的通知时，短信通知更为正式和权威，可引发学生的广泛关注。

（4）短信传播适应了一些场合的需要。短信具有私密性、隐秘性的特点，利于减轻大学生心理负担，并降低辅导员进行心理教育的难度；短信还可配合其他手段进行就业指导，充分发挥短信的时效性、便捷性、传播范围广、不局限于时空限制的优势；会议期间、午休期间等不便于接电话的场合，能通过短信替代，进行交流；对于不便于交流的场合，短信交流更为保密，适合于维护个人隐私。

当然，短信作为思想政治教育的载体也有一定的局限性，如信息发送速度慢、有字数限制、回复不够及时、表达能力有限等。这些影响了辅导员思想政治教育进行系统的理论性阐释。短信的传达内容更倾向于片段化、日常化，这些局限性要求辅导员要采用微信、博客等其他载体形式进行优势互补。同时，辅导员还要规避学生运用短信进行课上交流、作弊等不良行为。应完善短信的管理机制建设，充分发挥短信对思想政治教育积极性的一面，以达到理想的教育效果。

六、利用微信开展思想政治教育

微信作为一种新型的媒介形式，凭借方便快捷、互动性强、实用功能多等优势已迅速成为社会化媒介中的佼佼者。新时期，高校要进行高效的思想政治教育，必须重视微信成为新的思想政治教育教育载体这一挑战性课题。

微信是由腾讯公司推出的一款借助智能手机和电脑进行的即时通信工具。它通过网络连接快速发送语音短信、文字、图片和视频、并支持多人群聊。微信的兴起满足了大学生彰显个性、追求时尚、敢于尝试新事物的需要。大学生往往对新生事物充满好奇与热情，他们尤其在科技产品面前，往往是积极的尝试者和探索者，微信的使用也不例外。微信是"传统通信手段和互联网信息技术的有机结合，构建了一个集邮件、短信、手机、SNS

和微博等应用于一身的个性化立体式服务平台，让异地沟通更加轻快便捷，在校园掀起了一股风潮"❶。微信不但可即时通信，还具备多种社交功能，如"摇一摇""漂流瓶""朋友圈"，还可通过添加公众平台、消息推送的方式关注自己感兴趣的内容。同时，微信还增加了"钱包""游戏""购物"等多个版块，功能更加丰富、实用，多方面地满足更多使用者的需要。微信作为十分火爆、备受学生喜爱的新媒介载体，高校一定要牢牢把握机遇，融思想政治教育于新型媒介载体中，拓宽思想政治教育渠道，加强探索实践，促进微信成为辅导员进行思想政治教育工作的有力工具。高校的思想政治教育工作要敢于创新工作模式，迎接挑战，创造机遇，为促进思想政治教育的实效性增加动力。

（1）开通校园公众号，加强对思想政治教育相关的内容推送。订阅公众号是从微信获取消息的主要方式。公众号往往采用图片加文字的形式推送消息，还可添加语音和视频，是一种全方位的沟通方式，具有新颖性、创新性、知识性、趣味性和可读性，经常被商家用信主流线上线下的互动营销方式。高校要善于应用微信公众号的优势，通过公众号推送思想政治教育相关的话题；利用图片、音视频等因素增添内容的趣味性和可读性，使学生充分调动各种感官感受思想政治教育别有风味的一面，从另一种视角诠释思想政治教育。这样可以让知识的传递更加自然、顺畅，学生也更加乐于接受，排除因单纯说教产生的排斥心理，提高学生的积极性，培养学生的阅读习惯，从而提升阅读量，和传统的课堂教学形成互动互补。也可以用几个公众号从不同的角度联合推送，展现不同的教育主题和教育风格，向学生提供丰富的信息资源，满足学生对于资讯的需求。

运用公共平台进行思想政治教育，是对思想政治教育工作模式的深化和扩展。辅导员或管理员一定要坚持融知识性、趣味性和时新性为一体的原则，偏废其中一面都不利于长久地传播，并且要做到持久坚持。此外，

---

❶ 杨敏. 微信对大学生思想政治教育的挑战及应对策略研究[J]. 思想理论教育, 2012(11).

还要能够对当下社会热点和学生广泛关注的事件做文章，做到"从学生中来、到学生中去"。消息要贴近学生，介绍学生最关心的、最直接的和最现实的问题，把握时代脉搏。对于有争论性的话题，允许出现多元化声音，在民主对话中潜移默化地引导舆论走向。

（2）运用语音、文字等对话方式，增进师生交流。微信作为即时通讯工具最显著的特征之一就是可以语音对话。相较文字对话而言，语音对话进一步为使用者提供了时效性和便捷性，使双方的沟通更为真切，内容含量大大增加。尤其作为工作量较大的辅导员，语音对话为其提供了更加便捷的沟通方式。不论是在上班途中、电脑桌前，还是休息空闲，都可以通过聊天的方式进行轻松的交流，减少了触屏打字的操作，使交谈更为快捷、有效率。此外，语音对话能够真实记录谈话双方的语气、语调和说话态度等，利于辅导员把握学生心绪和精神状态，进行有针对性的交谈，拓展谈话内容，及时发现学生重点需要解决的问题。语音对话也能使学生。尤其是遇到困难的学生产生辅导员一直在身边帮助自己、关爱自己的感觉，可为他们提供很好的心理安慰和精神支撑。辅导员可将文字对话和语音对话相结合，根据场合恰当选择，使工作更为灵活和高效。

（3）通过朋友圈平台，掌握学生动态，实现信息共享。辅导员和大学生处于共同的朋友圈平台，不仅利于增进双方的了解，还利于辅导员把握学生的思想动态。大学生思维活跃、兴趣广泛、充满好奇心理，辅导员可通过学生分享或转发的文章了解学生的兴趣点和关注点，并通过相关评论进一步掌握学生的想法和心理特征。例如，对于就业压力较大的毕业生，往往要给予足够关注，其发布和评论内容能展示对外界事物的看法、最近的心情状况和精神状态。一旦发现消极词汇、抵触外界的言语时，辅导员要及时给予心理辅导，防止意外发生。大学生热衷于关注和评论社会热点，并将自己的立场和观点发表在微信朋友圈中，即使一个小小的"赞"也能传达学生的某种情感倾向，利于辅导员多渠道把握学生思想动态。对于认知水平有限产生的偏激观点和错误想法，辅导员可通过在线交流或评论互动的形式促进沟通，打破传统的思想政治教育中主客体的明显定位。通过这些方式可激发大学生的主动性，引导其树立正确的世界观、人生观和价值观。

　　通过微信还可实现思想政治教育相关资料的共享，可以是传递给好友的形式，也可以是收藏的方式。应不断丰富朋友圈中正面的、积极向上的主流价值观宣传，使学生在潜移默化中接受正能量、弘扬正能量，发挥隐形作用，从而促进思想政治教育工作的实效性。

　　要实现真正有效地利用微信这一媒介平台，还应注重以下问题：如何提高思想政治教育工作者对于微信平台的管理运营能力并保持长久的生命力，如何消除微信对大学生思想价值观念和行为习惯带来的影响，如何在"裂变式"传播形态下加强校园的网络舆情监控等。这些对于高校既是机遇又是挑战，高校一定要有迎接难题、改革创新的勇气，使思想政治教育与时俱进，开展崭新的工作局面。

第八章　高校思想政治教育传播的受众——大学生

按照贝罗（David K. Berlo）在《传播的过程》一书中提出了 SMCR 模式，将传播过程分解为信源信息、通道和接收者，传播的最终效果由这四要素及它们之间的关系决定，每一要素也会受到自身因素的制约。本章中所提到的"接收者"是指在思想政治教育过程中接受思想政治教育的大学生。他们是译码者，处于思想政治教育信息的接收端，将思想政治教育者传递的信息转为接收的信号。译码同编码过程相似，不同的学生会产生不同的接收效果，这主要源于大学生的表达技能、学习态度、知识和经验、家庭背景和社会背景等的不同。此外，接收者（大学生）和传播者（思想政治教育工作者）是可以相互转化的，并非固定不变的处于传播过程的两端。当学生反馈时，大学生充当了传播者，思想政治教育教师进而作为接收者，开始下一阶段的编码与译码。

贝罗提出，从信源和受者来看，至少有五个因素影响思想政治教育传播效果。

（1）传播技巧。信源的表达技巧、语言文字能力，以及受者的接收技能均会影响传播效果。

（2）态度。信源和受者对传播主题是否喜爱，双方对于对方持何种态度等。

（3）知识。信源和受者的知识水平是影响教学效果的重要因素，双方是否具备丰富的知识。

（4）社会背景。不同的社会形态、社会地位和影响力等都会影响受者对传播内容的认识和理解。

（5）文化。传播者和接收者的学历、经历和文化背景。

根据贝罗 SMCR 理论，传播的"接收者"的接收技能、态度、知识水平、社会背景和文化背景都直接会对传播效果产生影响。因此，作为高校思想政治教育传播效果的直接影响因素——大学生，将作为本章探讨的中心。本章将从思想政治教育传播受众——大学生的角度去探寻提升思想政治教育传播效果的重要影响因素。在新媒介环境下，大学生面临许多机遇和考验。如果不具备一定的媒介处理应对能力，他们将会直接影响个人的成长，这势必会影响思想政治教育实效性。签于此，本章将放在培养大学生的媒介素养能力上，并结合贝罗针对"受者"提出的五个影响因素，去探寻提升大学生媒介素养能力的有效途径。

一、媒介素养及媒介素养教育定义和内涵

快速发展和普及的新媒体很快融入了乐于接受新事物的大学生们的生活，改变了他们信息的获取方式、交流方式、思维方式和生活方式。作为从事高校思想政治教育的工作人员来说，不得不重视新媒介给大学生带来的新变化。20世纪初，当网络、新媒体初现端倪，大众媒体仍旧占据主流媒体的时候，我国已经开始关注青少年的媒介素养问题。以中国知网核心期刊检索为例，较早明确关注青少年媒介素养的是学者戴怡平。他在发表的《青少年的媒介素养教育》一文中指出，在大众媒体普及的时代背景下，需要了解青少年的特点和媒介影响受众的过程。他认为媒介素养教育就是指导学生正确理解、建设性地享用大众传播资源的教育。通过这种教育可培育学生健康的媒介批评能力，并使学生利用媒介完善自我，参与社会发展。但他对媒介素养的定义并没有作出明确的界定。后来，一些学者从信

息教育、媒介教育和网络素养等方面略有侧重地进行了分析。2003年,学者张开在《现代传播》中发表了文章《媒介素养教育在信息时代》,通过分析媒介信息的性质和特征引出媒介素养的基本定义。也是目前学界一直比较认可的定义,后来被很多学术著作所引用。1992年,美国媒体媒介素养研究中心给媒介素养作出的定义:媒体素养就是指人们面对媒体各种信息时的选择能力(ability to choose)、理解能力(ability to understand)、质疑能力(ability to question)、评估能力(ability to evaluate)、创造和生产能力(ability tocreate and produce)和思辨时的反应能力(ability to respond thoughtfully)。在媒介使用过程中,媒介选择要经过最基本的媒介接触、选择、分析及传播。这是媒介素养中层次较低的能力,是接触、使用媒介和分享媒介信息所必须具备的。媒介及媒介信息的理解能力、质疑能力和评估能力也是非常重要的,要挖掘信息背后的内涵,不要将媒介营造的"拟态环境"与现实世界等同起来;不盲目地全盘接收,要根据判断做出决定并付诸行动。媒介的创造和生产能力要求大学生参与到媒介运作的过程中,通过自身参与提高对媒介更高层次的运用,从而利用媒介及媒介信息促进自我发展。

我国媒介素养教育理论的探究起步于1997年。中国社会科学院副研究员卜卫发表了题为《论媒介教育的意义、内容和方法》的文章,是我国第一篇系统论述媒介素养教育的论文。文章中追溯了"媒介素养"这个概念在西方的发源及演变过程,为我国媒介素养教育的理论发展奠定了基础。研究中,与媒介素养教育相关的提法包括"媒介教育""媒介素质教育"和"信息技术教育"等。关于媒介素养教育的定义,许多人持有不同的意见。经过十多年的研究,对媒介素养教育的概念界定尚未达成统一,但对媒介素养教育的认识却在不断深化。

2001年,戴怡平阐述了媒介素养教育的含义,即指导学生正确理解、建设性地享用大众传播资源的教育,通过这种教育培育学生健康的媒介批评能力，利用媒介完善自我，参与社会发展。中国社会科学院新闻与传播研究所卜卫认为，媒介素养教育下是培养公民媒介素养的教育，包括四个方面的内容：①基础的媒介知识，以及如何使用媒介；②学习判断媒介信息的意义和价值；③学习创造传播信息的知识和技巧；④了解如何利用大众媒介发展自己。

中国人民大学新闻学院郑保卫教授在《媒介教育大众化势在必行》中认为，媒介教育是指有关媒介知识及其应用技能和方法的教育。通常这种教育是被包含在新闻与传播教育之中的，由新闻与传播院校向新闻学与传播学专业的学生实施。"

张冠文、于健发表的《前轮媒介素养教育》中提出，媒介素养教育应当包括以下几个方面：①建立对信息批判的反应模式；②发展相关媒介的思想；③提高对负面信息的免疫能力；④学会有效地利用大众传媒帮助自己成长与进步。

学者郑保章、程佳琳在《我国公民媒介素养教育的建构与培养》中，将媒介素养教育的含义理解为，指导人们特别是青少年正确理解、建设性地享用大众传媒资源的教育；通过这种教育，培养公民辨别媒介传播内容的能力和健康的媒介批评能力，使其能充分利用媒介资源完善自我，参与社会发展。同时，监察和改善传媒，做个既有责任心又有批判能力的公民。

朝芳认为，媒介素养教育是指导人们正确选择、准确理解和合理评价大众传播信息，并使其成为有创新性的传播者的教育。通过教育，培养人们批判性地接受媒介信息的能力、独立思考的能力和利用媒介为社会服务的能力等。具体而言，它包括三个方面的内容：①要使受众了解不同媒介形式的特征和信息制作过程，能够自觉掌握个人接触媒介的量和度，清醒认识媒介带来的"快感"和"满足"；②要让受众批判性地解读媒介信息，如媒介对现实的再现，媒介的商业性与价值观；③能够有效地使用媒介，充分利用媒介完善自己。

经过十多年的理论研究和实践探索，我国对媒介素养教育从概念、内涵等研究逐渐转向对媒介素养教育的价值、发展趋向和实践途径等的研究。本书综合自身研究课题的对象、特征及他人的研究成果，将采用刘津池《在当代媒介素养教育研究》中对媒介素养教育的阐述。笔者认为，媒介素养教育是一种围绕人的媒介素养培育而展开的教育形式。它具体涉及以下内涵：①媒介素养教育是一种"实践"，是有目的、有计划、有意识进行的，以"培养人"为核心的社会实践活动。即这种"实践"本质上就是教育，内在地承担着知识传递、技能培养和道德熏陶等基本任务。②媒介素养教育所依赖的重要基础是"人—媒介"之间的互动关系。这种互动关系本质上是对"教育与人"（媒介素养的提高）和"教育与社会"（人与媒介环境、媒介系统的互动）基本关系的反映，部分地表达了媒介素养教育的价值内涵。③具体实践而言，媒介素养教育是教育者运用一定的媒介手段向受教育者传递传播与媒介相关的知识、态度、价值观和技能的行为。因此，又可以进一步将其表述为有目的、有计划、有组织地，以"培养人"为使命而展开的关于培育和提高人的基本媒介素养的社会实践活动。

关于媒介素养教育的实践，从西方传播教育发展来看，它是欧洲教育工作者于20世纪30年代率先提出的一种教育主张。早在1993年，英国学者ER. Leavis（利维斯）首次就学校引入媒介素养教育的问题作了阐述并提出了系统的教学建议。英国首先开始了媒介素养教育的实践。20世纪下半叶，欧洲、北美洲和大洋洲等地形成了一种新的教学科目，而一些大众传媒发达的国家，如澳大利亚、法国和芬兰等，也将媒体素养教育纳入正规教育课程。20世纪90年代以来，日本、印度和韩国等亚洲国家结合自身国情，推广和普及了媒体素养教育。媒介素养教育的开展得到了各国的重视。近几年，我国一些高校对大学生开设媒介素养教育课做了尝试，但总体上，我国的媒介素养教育还处于起步阶段，媒介素养教育的教育体系和课程体系还没有建立起来。然而，由于绝大部分大学生并没有系统地接受媒介素养的教育，因此对于媒介认知处于一种自发状态。他们经常将个人经验感性认知作为文化水平较高的群体，不能够满足当代社会的发展要求，对媒介知识的学习处于自我判断、自我决策的阶段；对于媒介道德规范缺乏认知，在媒介产品的创造与制作能力上更加薄弱，必须经过专业培训和学习，因此媒介素养教育须引起高校的关注和重视。

一、当前受众——大学生在新媒介环境下发生的思想特点改变

1. 大学生价值观念多元化，对价值选择和判断感到迷茫

大学生在面对新媒体呈现的各国多元化的民主和法制的消息时，法律意识和民主意识逐渐增强。新媒体的多元化，使得大学生的价值观也呈现多元化态势。但是，新媒体海量的信息也导致多元复杂的文化生态和多元文化的激荡碰撞，引起不同价值观的矛盾冲突，影响大学生的价值选择和判断，容易使正处于成长阶段、思想尚未完全定型的大学生思想混乱，产生迷茫心理。例如，在面对社会主义价值观和资本主义思潮时，他们不能很好地权衡利弊关系，不可避免地产生消极思想。

2. 大学生盲目追求个性化，缺乏纪律性

在新媒体的传播过程中，大学生会在其中自由发表一些言论。这些言论势必会得到一部分人的赞同，从而使大学生慢慢产生一种骄傲的心理。性格是和生活的背景分不开的，因此这些生活上面遇到的事情也会使大学生的性格发生一些变化。他们变得开始张扬自己的个性，变得崇尚自由。这些在一定的程度上是好的，但是也不可避免地带来了一些不好的影响，比如：作息时间不规律、旷课等。

3. 大学生主体意识增强，但道德意识淡薄

当代大学生多为独生子女，有强烈的自我表现意识，渴望得到他人的

关注和认可。各种新媒介正好为大学生提供了一个张扬独特个性、展现自我魅力的绝佳舞台。在这个虚拟的舞台上，没有高低贵贱之分，每个个体都是独立而平等的，每个人都可以依靠自己的人格魅力吸引众人的目光，成为关注的焦点，获得尊重和满足。开放、平等的舞台赋予所有参与其中的大学生积极的主体意识，促使大他们养成自由平等、民主和自信、自立、自强的价值观。但舞台的虚拟性也使一些大学生产生"在网上没有人知道你是不是一条狗"的想法，容易自我放纵，忘却社会责任，弱化内心的自我道德约束感。

4. 大学生变得现实，责任意识弱化

市场经济制度和社会的竞争压力让大学生变得越来越现实，他们忽略了事物的根本意义而崇尚眼前的利益。传播方式迅速在大学生中流行，QQ聊天、博客、短信和微信等让信息的传播更加广泛。网购的盛行，使大学生们更加依赖网络，使他们在人与人的交往之中变得更加冷漠。他们逐渐开始将自己封闭起来，失去了判断事物好坏的能力。对网络的依赖也导致大学生的生存能力减退，使他们变得越来越没有责任意识，成为新媒体发展过程中的牺牲品。

5. 大学生交往方式虚拟化，人际交往能力减退

新媒体的不断更新让大学生的知识面越来越广，让他们能够迅速学会生活的技能，但是新媒体提供给大学生的交流平台使大学生淡漠了人际关系。有些大学生对网络对网络过度依赖甚至于，有的大学生沉迷于虚拟的游戏之中，这些都使他们的心理上发生了一些改变，使他们的交际能力减退，感情变得淡漠。

二、当前高校大学生媒介素养的现状

大学生思想政治教育要"贴近实际、贴近生活、贴近学生，努力提高

思想政治教育的针对性、实效性、吸引力和感染力"。要"贴近实际、贴近生活、贴近学生"就应针对受教育者的实际情况来开展思想政治教育，对学生的能力水平、知识结构和基本素养等进行深入的了解和把握。本次调查的主要目的就是通过问卷调查的方式深入了解分析当前高校大学生的媒介素养现状，以便在今后的思想政治教育工作中做到有的放矢。

1. 调查对象基本情况

本次问卷的调查对象为北京部分高校的大学生，这一群体以"90"后为主。本次问卷共发放500份，收回477份。有效问卷462份，有效率为92.4%，样本具有代表性。此次问卷第一部分从性别、政治面貌、专业、年级和年龄几个方面了解了调查对象的基本情况（见表8-1）。

表8-1 调查对象基本情况

统计指标	分类标准	数量（人）	有效比例（%）
性别	男	179	38.74
	女	283	61.26
政治面貌	中共党员	119	25.76
	共青团员	287	62.12
	民主党派	0	0.00
	群众	56	12.12
专业	理科	89	19.26
	工科	93	20.13
	文科	121	26.19
	管理	106	22.94
	艺术	42	9.09
	其他	11	2.38

续表

统计指标	分类标准	数量（人）	有效比例（%）
年级	大一	123	26.62
	大二	189	40.91
	大三	129	27.92
	大四	21	4.55
年龄	18~20岁	301	65.15
	21~23岁	150	32.47
	24~27岁	11	2.38
	其他	0	0.00

从表8-1可以看出，对查对象中的女大学生明显居多，占样本比例的61.26%，近2/3。在政治面貌中，共青团员和中共党员占到主要部分，占约88%，无民主党派学生，群众占12.12%。从专业分布来看，涉及了理科、工科、文科、管理和艺术等专业。其中，文科占比相对较高，为26.19%；艺术相对较少，为9.09%。在年级分布中，大二学生居多，占样本的40.91%；大四学生最少，仅占4.55%。在年龄分布中，"90后"成为绝对主力，占到近整个样本的98%。其中，"95后"占到约2/3的比例。

2. 大学生接触媒介情况

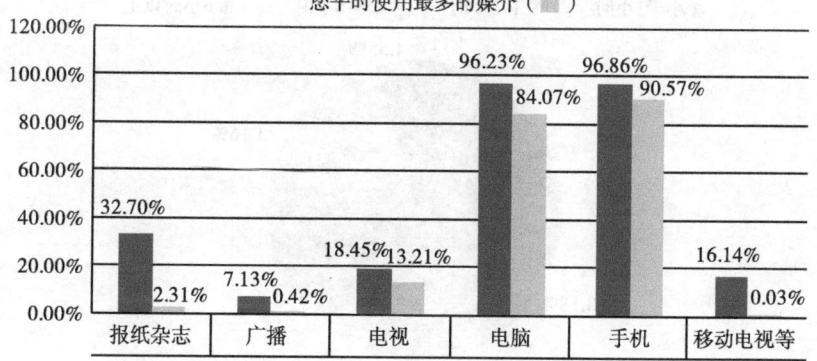

在媒介接触情况的调查中，高校大学生接触的媒介的种类呈现多样化的特征。他们所接触的媒介既包括了报纸杂志、广播、电视在内的传统媒体，也包括了电脑（网络）、手机（移动网络）和移动电视在内的新媒体。超过96%的大学生认为，手机和电脑已经成为他们平时最常接触的媒介形式；其次为报纸杂志（32.70%）、电视（18.45%）、移动电视（16.14%）和广播（7.13%）。在平时使用最多的媒介中，手机（90.57%）和电脑（84.07%）远远超过其他媒介，成为大学生最常使用的两种媒介形式，这也符合在校大学生手机和电脑普及率和使用率高的现状。从柱状图不难看出，手机和电脑已经成为高校大学生最常接触、最常使用的媒介形式。这两种媒介比较集中而广泛地被大学生应用。在以上所有的媒介形态中，经常接触到的媒介比例均高于经常使用的媒介比例，这说明大学生使用媒介的需求基本得到满足，选择使用何种媒介相对自由。在经常接触而又使用最多的媒介中，报纸杂志、移动电视出现的反差最大。近1/3的大学生会接触到报纸杂志，而经常使用的学生仅占2.31%。同新媒介的接触率和使用率相比，新媒体比传统媒体更受大学生欢迎，传统媒体一定程度受到了新媒体的冲击。经常接触移动电视等媒介的学生占到16.14%，而经常使用移动电视的学生占比几乎为0。这一现象符合大学生经常在地铁、公交车上经常接触到移动电视等新媒介载体，充当受众，很少参与其使用的现状。

您每天使用电脑上网的时间为：

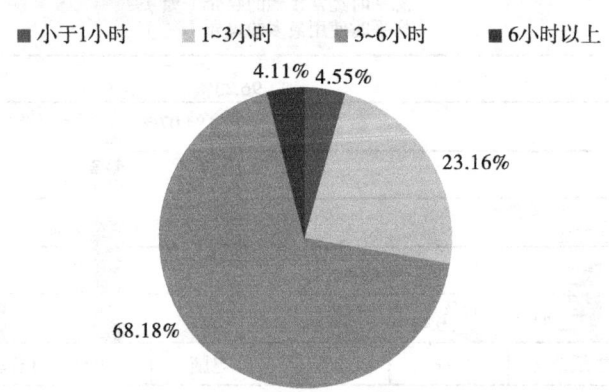

您使用电脑的常用功能为（多选）：

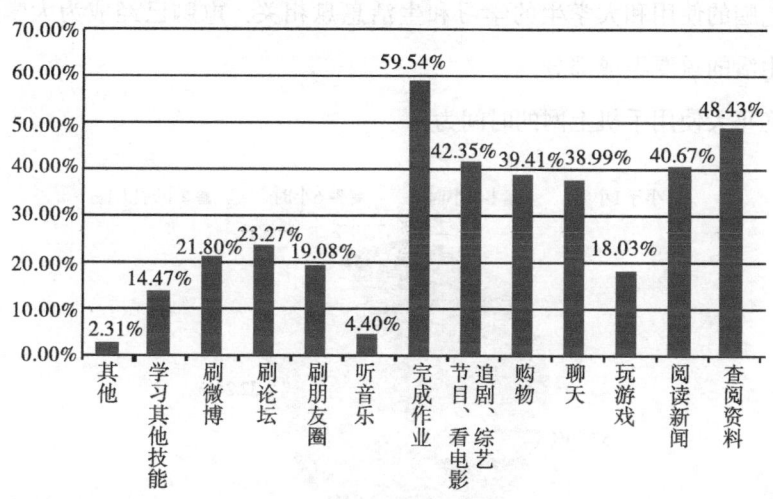

就高校大学生使用电脑的时长来看，超过 2/3 的大学生每天使用电脑上网的时长为 3~6 小时，一部分学生（23.16%）的时长为 1~3 小时。就电脑的常用功能来看，大学生能够充分利用电脑的各种功能，如学习功能、娱乐功能、购物功能、交流功能和游戏功能，具有较强的目的性。在所有具体的功能中，完成作业（59.54%）、查阅资料（48.43%）成为大学生选择使用电脑的首要动机和重要原因；其次为追剧、看综艺节目、看电影（42.35%）等娱乐功能；阅读新闻（40.67%）也是大学生最常用功能之一；购物功能仅次于阅读新闻的比例，占到 39.41%；再次为聊天（38.99%）、刷论坛（23.27%）、刷微博（21.80%）等交流功能；也有 18.03%大学生最常使用电脑的游戏功能；14.47%的大学生会使用电脑学习其他技能。

从以上数据可以看出，大学生能够充分挖掘电脑的各种功能，对其的驾驭能力较强。作为以学习为主的学生群体，学习功能仍在电脑中占据主要功能，是大学生选择使用电脑这一媒介的首要消费动机。但电脑的娱乐、购物、交流和游戏等功能也占据了大学生业余生活的很大比例，这说明大学生在电脑上花费的时间和精力是较多的。从使用时长和使用功能总体来看，电脑的使用和大学生的学习和生活息息相关，电脑已经成为大学生学习和生活的重要组成部分。

您每天使用手机上网的时间为：

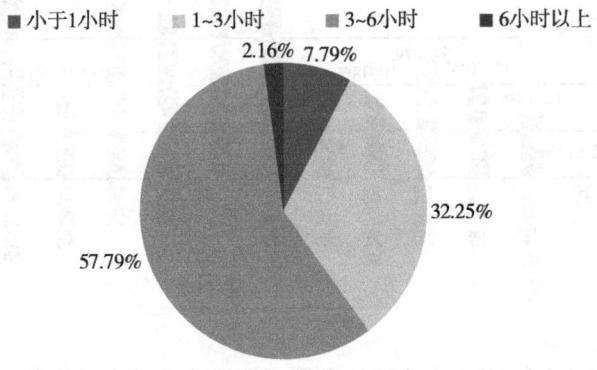

您每天使用手机的常用功能为（多选）：

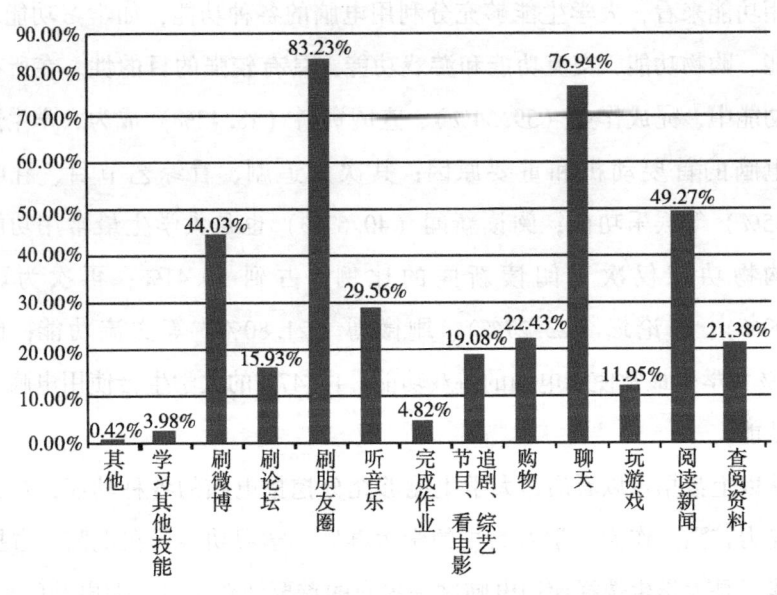

就每天使用手机的上网时长来看，一半以上的大学生每天使用手机的

时长为3~6小时；近1/3的学生使用手机的时长在1~3小时；还有少部分的大学生（7.79%）每天使用手机小于1小时；极少部分学生（2.16%）每天使用手机在6小时以上。从手机的常用功能来看，以刷朋友圈（83.23%）、聊天（76.94%）为主的社交功能最为突出，这也符合手机聊天软件便携性强、大学生热衷网络社交的现状。近一半的大学生会使用手机阅读新闻，44.03%的大学生会选择刷微博，还有一部分大学生使用手机听音乐（29.56%）、查阅资料（21.38%）、网上购物（22.43%）和看视频（19.08%）等功能。这表明大学生能够充分运用手机的各项功能，并能根据个人的不同需求灵活运用不同功能，为自身服务。

不论是电脑还是手机，高校大学生的使用时长大部分都在3~6小时。也就是说，一些大学生每天花费在电脑和手机的共同时间超过6个小时，也有很多大学生两者花费时长共有2~6小时。他们在新媒介上花费时间较长，对媒介的依赖性强；新媒介的功能越来越多元，为大学生的各种使用需求提供了充足的选择空间；不论是电脑还是手机，大学生能够根据自身需求和媒介特征，灵活地选择各种功能。这些均表明大学生能够广泛而灵活地使用新媒介，对媒介的选择、使用和学习能力较强。

如果一天不能接触新媒介，您会：

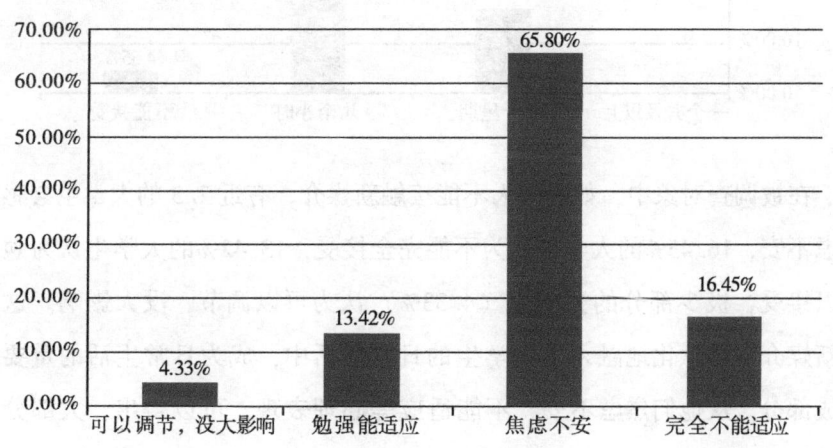

如果一个月不能接触微博、朋友圈等新媒介内容，您会：

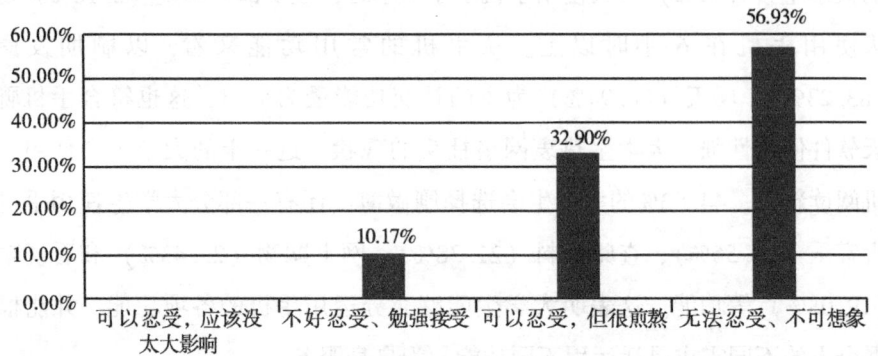

您能接受不接触媒介（以手机微信为例）的期限为：

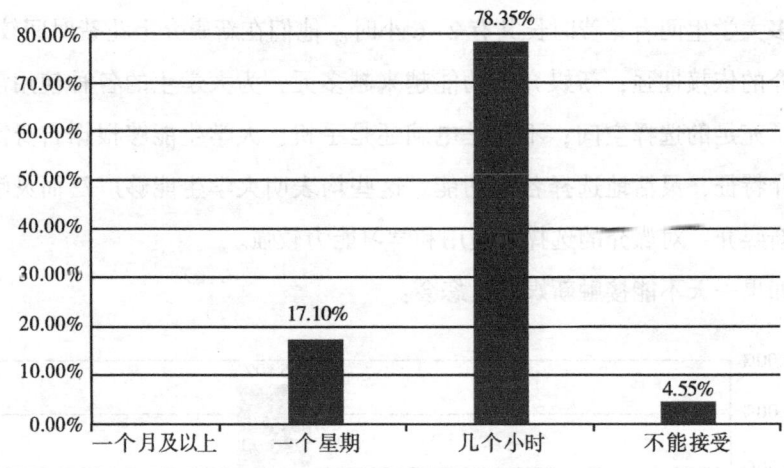

在被调查对象中，如果一天不能接触新媒介，有近2/3的大学生会感到焦虑不安，16.45%的大学生认为不能完全接受，13.42%的大学生认为勉强可以接受，极少部分的大学生（4.33%）认为可以调节，没大影响。这表明新媒介潜移默化地融入了大学生的日常生活中，成为日常生活的重要的组成部分。从他们焦虑不安、不能适应等心理表现，可以得出，大部分大学生已经对新媒介形成强烈的依赖性，新媒介已经对大学生的日常生活形成了重要影响。

就具有代表性的新媒介重要功能之一的社交功能而言，如果一个月不能接触微博、朋友圈等新媒介内容，一半以上的大学生认为，这种情况是无法忍受、不可想象的；1/3 的大学生认为，可以忍受，但此过程很煎熬；仅 10.17% 的大学生认为不好忍受，但可勉强接受；而认为可以忍受、并无太大影响的比例为 0。在接受不接触新媒介（以微信为例）的期限中，大部分大学生（78.35%）认为，只能接受几个小时不接触；较少部分（17.10%）的大学生可以接受一个星期不接受；还有极少部分大学生（4.55%）认为，根本不能接受不接触为新媒介。

接触媒介的调查一方面表明大学生对于新媒介的使用频率很高，对其使用形成了强烈的依赖；另一方面也表明，社交需求已成为大学生使用新媒介的主要需求之一。而新媒介的引人之处，在于其丰富多样的功能，满足了大学生的多种使用需求，但它的不足之处是造成了大学生的使用依赖症。

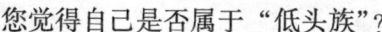

您觉得自己是否属于"低头族"？

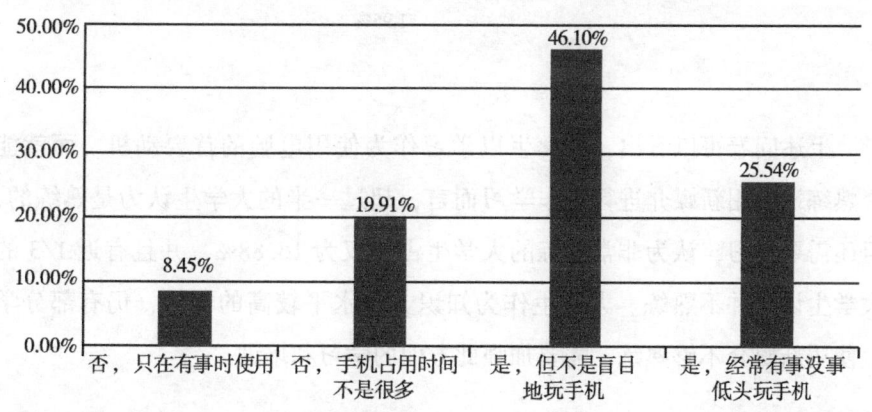

在判断自己是否属于"低头族"时，认为是"低头族"的大学生占到 71.64%，意味着大部分学生都存在低头玩手机的行为。其中，有 46.10% 的学生认为自己并不是在盲目地玩手机，不是在进行盲目的媒介消费行为。

1/4的大学生会出于媒介消费习惯,过于频繁地接触手机,存在手机依赖症和盲目的媒介消费行为。

3. 大学生选择、解读、分析、判断和利用媒介的情况

提高大学生媒介素养的重要目的之一,是帮助大学生认识媒介,熟悉媒介的传播规律和流程,并能够正确分辨、运用媒介信息,提升媒介产品的制作能力,并形成良好的媒介道德规范和自律能力,成为高素养的媒介使用者。

您能否熟练地使用新媒介进行工作学习?

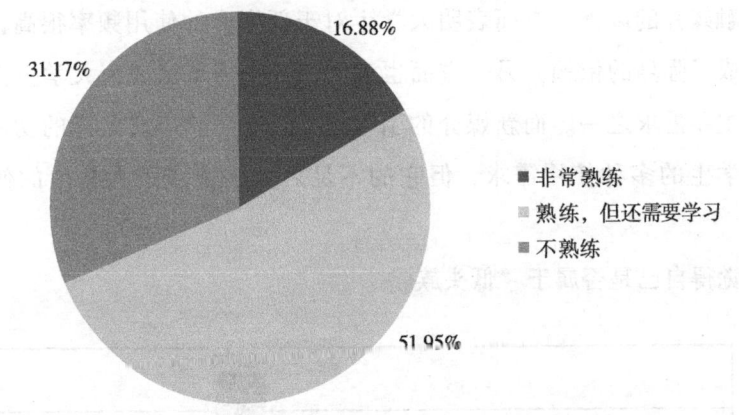

上述问卷可以看出,大学生以学习作为使用电脑的首要动机,而就能否熟练地使用新媒介进行工作学习而言,超过一半的大学生认为是熟练的,但还需要学习,认为非常熟练的大学生占比仅为16.88%,并且有近1/3的大学生认为并不熟练。大学生作为知识文化水平较高的群体,仍有部分学生使用新媒介不够熟练,需要加强此方面的学习和培训。

您了解新媒介的运作方式吗？

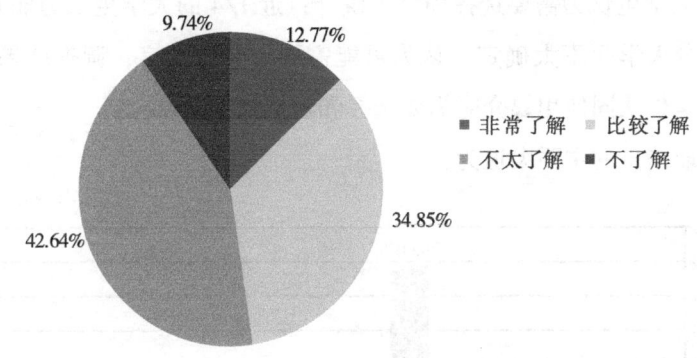

增进大学生对于商业气息浓厚的新媒介运作方式的了解，能够有效帮助大学生树立媒介消费观，增强对信息的分辨和判断能力。调查数据显示，不太了解和不了解新媒介运作方式的大学生占到近60%，34.85%的大学生认为自己比较了解，非常了解的占比不到10%。事实上，各个高校的新闻传播学院的学生出于专业需要，能够较好地学习新媒介的运作方式；而其他专业的学生，会比较被动地接受新媒介产生的信息，并不太了解新媒介的具体运作方式。目前，新媒介已被各个专业的大学生广泛使用，因而新媒介的行相关教育不能只局限于新闻传播学院的学生。

您认为在使用媒介中，需要选择和辨析媒介吗？

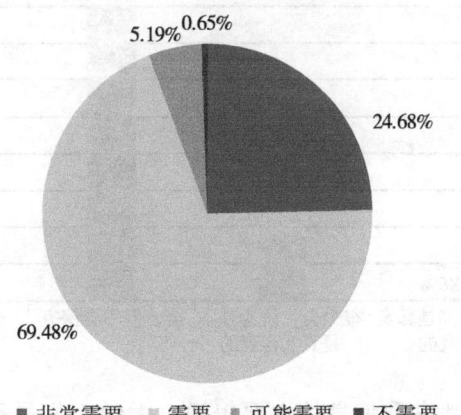

对媒介的选择能力和辨析能力是媒介素养的重要组成部分。在问卷中，近70%的大学生认为需要选择和辨析媒介；近1/4的大学生认为非常需要；很小一部分大学生不太确定，认为可能需要。整体而言，调查结果表明绝大多数大学生认同使用媒介时需要选择和辨析媒介。

您获取信息的主要渠道为：

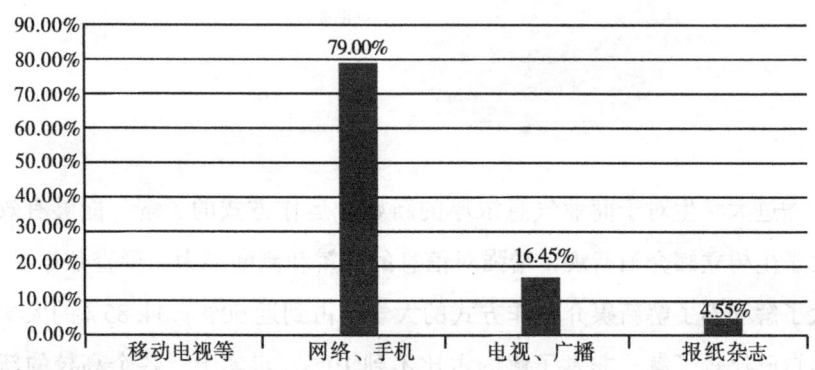

在媒介选择上，以获取信息为例，近80%的大学生会选择网络、手机为载体的新媒体形式；20%左右的大学生仍会选择电视、广播、报纸杂志为主的传统媒体。在校园，新媒体的流行程度远超于传统媒体。

在使用新媒介浏览信息时，会有意识地分辨他们的真实性吗？

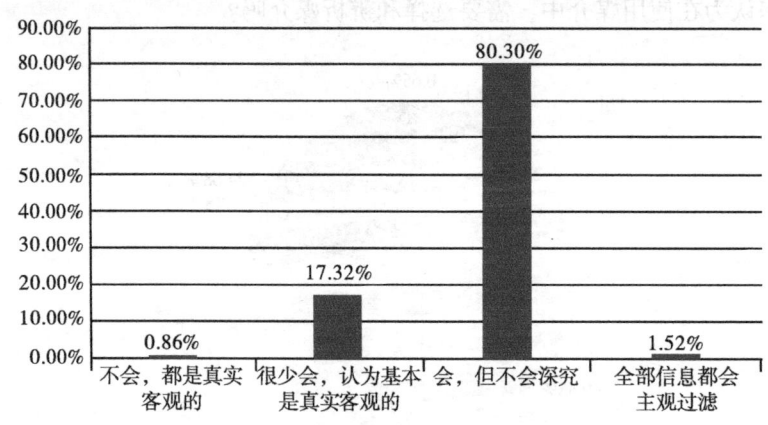

网络、手机作为获取信息的主要渠道，大学生们是否会有意识地分辨

其内容的真实性？数据显示，80.3%的大学生认为自己会分辨内容的真实性，但并没有进一步探究其真实性、客观性。也就是说，面对海量的新媒介信息，大部分大学生认为自己具备媒介信息辨别能力，但不会主动去印证自己的判断是否准确，属于浅层次阅读。仍有17.36%的大学生处于盲目接受新媒介信息的阶段，对于信息的真实性缺乏辨别能力和质疑能力。

从上面的数据可以看出，大部分大学生主观意愿认为，在使用媒介时需要选择和辨别媒介；而在真正使用新媒介浏览信息时，大部分学生只是认为自己具备媒介的辨别能力，但没有进行深究；还有一部分学生并不具备媒介辨别和质疑能力，造成了主观意愿和实际行为上的差距。

如果对新媒体报道内容有所怀疑，您的做法是：

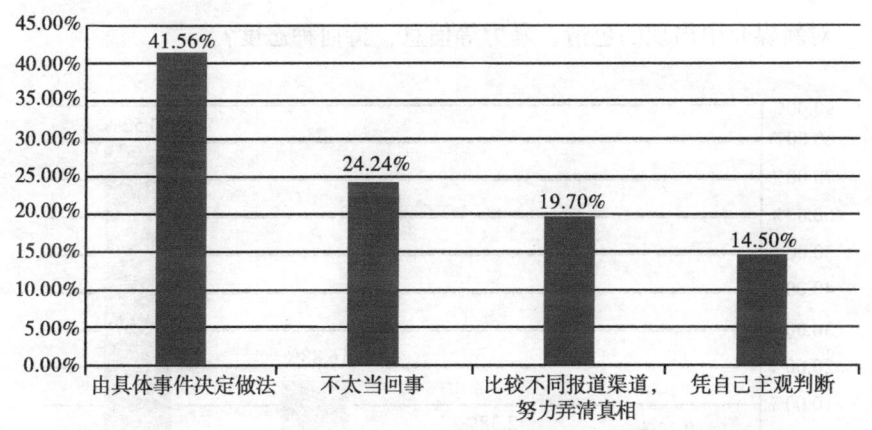

大部分大学生认为自身具备对媒介的辨别和判断能力，但并不会对所有的内容都持高度的辨别、判断意识。41.56%的大学生的做法由具体事件决定，24.24%的大学生不去理会，14.50%的大学生依赖自己的主观判断，仅19.70%的大学生会采取实际行动，弄清事件真相。这也同80.3%大学生能够有意识地辨别媒介内容的真实性，但并不深究相符。调查也表明，面对一些虚假信息，大部分学生不太愿意花费精力搞清事情的真相，或采取具体行动去判断是否准确，更不会做出对虚假信息进行举报等行为。

您是否有本打算去看书，却被看电影、追剧和玩游戏等媒介产品打乱，自制力不强的时候？

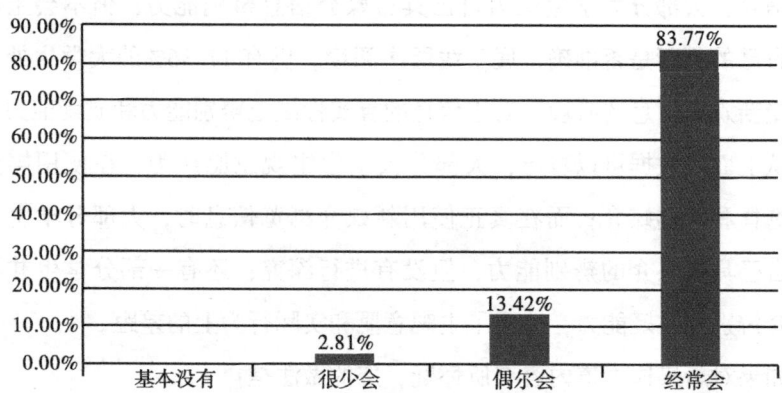

对新媒介中出现的色情、暴力等信息，持何种态度？

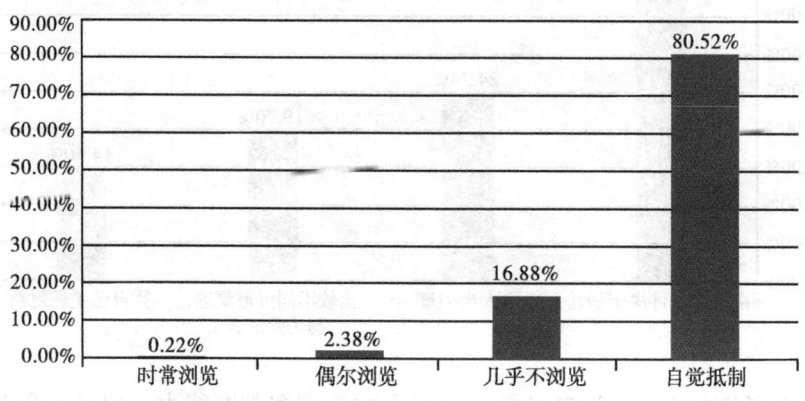

从是否被新媒体产品干扰的调查发现，媒介消费行为已经对大学生正常的学习生活产生了深刻影响，极少大学生能够不受新媒介的影响，绝大部分会因媒介消费打乱原有计划。从这一方面来讲，大学生的媒介免疫力有待提升。

另一方面，媒介免疫力还体现在大学生对于新媒介传播负面信息的抵制能力。良好媒介免疫力能够帮助大学生有效地抵制不良信息的侵蚀，使他们在面对新媒介传播的色情、暴力等不良信息时，大部分大学生能够做到自觉抵制，具备一定的免疫力。

您会观看网络直播吗？

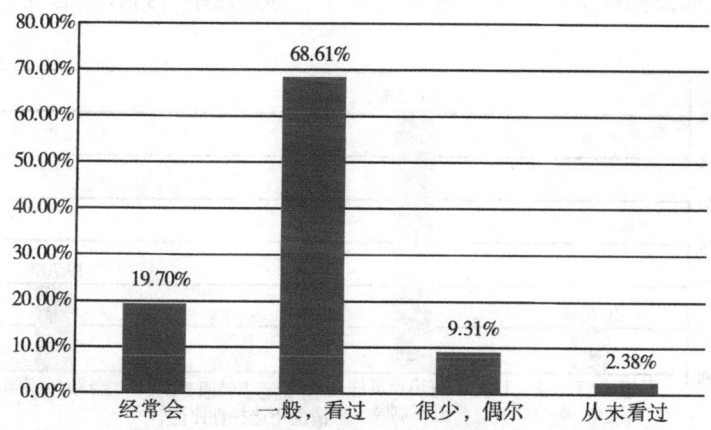

您对类似于"papi酱"这样网红的态度是怎样的？

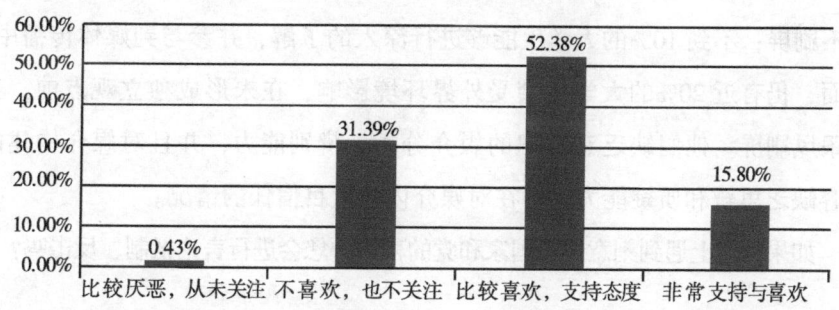

随着网络和新媒介的迅猛发展，媒介内容也愈发多样化。面对最近兴起的网络直播、网红等现象，大学生的态度能够体现出大学生对于新媒介的关注度和对媒介内容的分析和辨别能力。数据显示，近20%的大学生会经常看网络直播，68.61%大学生看过，只有极少部分的大学生从未看过。这表明，大学生群体对于新生事物的接受能力很强，对于新兴的媒介内容反应及时，关注度高。以"papi酱"为例，约70%的大学生是关注过这位网红的,并且有鲜明的态度;有31.39%的大学生并未关注过。这也能说明,大学生在媒介内容的选择上有较强的自主性,带有鲜明的个人态度,属于有意识的媒介消费行为。

您对朋友圈刷屏类似于"魏则西事件"等热点事件持什么态度?

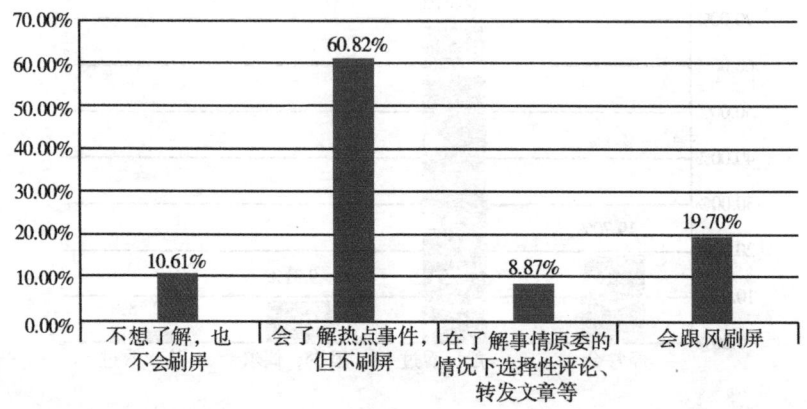

面对朋友圈刷屏热点事件的态度,60.82%的大学生会去了解热点事件,但不刷屏;不到10%的大学生能够进行深入的了解,并参与到媒体传播中。然而,仍有近20%的大学生会受外界环境影响,在未形成独立观点前,盲目跟风刷屏。他们缺乏有意识的媒介分析、辨别能力,并且对媒介构建的内容缺乏思辨和质疑能力,存在对媒介内容盲目信任的情况。

如果网络上遇到刻意抹黑国家和党的言论,您会进行言论抵制、反击吗?

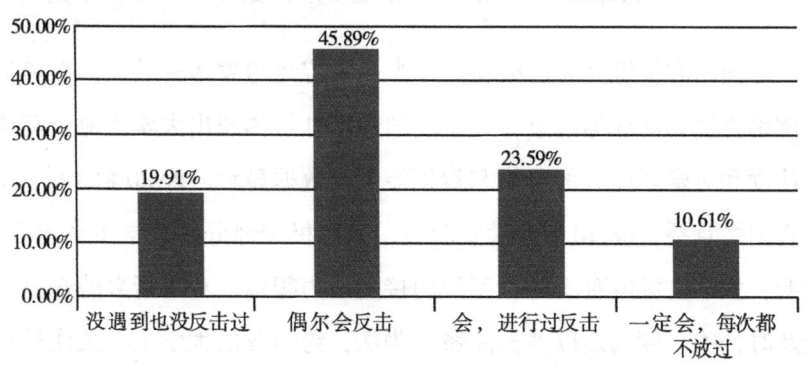

网络信息鱼龙混杂，不乏别有用心的人刻意制造矛盾、煽动情绪，散布抹黑党和国家的言论。作为树立三观关键时期的大学生，不但要增强对信息的选择和辨别能力，还要敢于同媒介中的不法行为作斗争。数据显示，80%的大学生会进行言论抵制、反击；其中一小部分的大学生会进行坚决抵制；还有一部分学生偶尔会反击，对此种行为的反击力度不够强硬和坚决。然而，仍有近20%的大学生认为自己"没遇到也没反击过"。这从某种程度说明，大学生需要加强信息的警惕意识，增强有意识地浏览信息的能力，以防被某些不法信息产生所影响。

您是否会通过新媒介渠道，曝光社会不良现象或帮助别人的情况（如丢失儿童）？

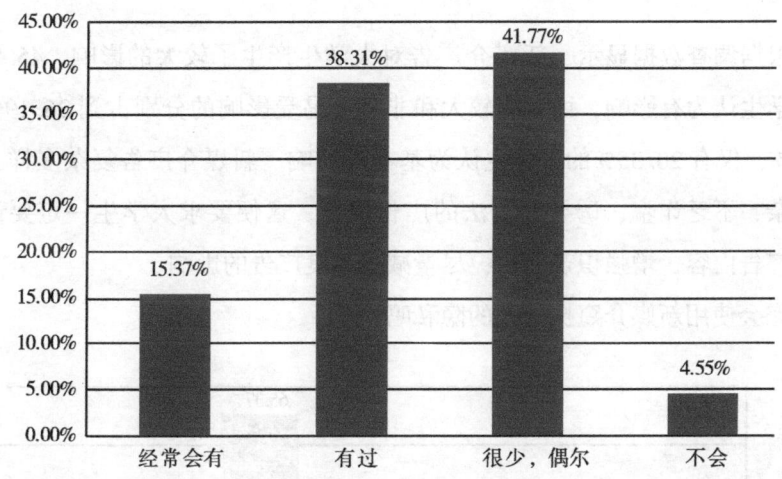

数据显示，超过一半的大学生会运用媒介渠道曝光社会不良现象。其中，15.37%的大学生会经常采用此种方式。这表明大部分大学生能够根据新媒介的特性主动参与到媒介传播过程，具有较强的主动性和积极性。仍有约45%的大学生很少或根本不会采用新媒介渠道参与类似事件，对于新媒介的运用略显滞后和被动。

您在使用新媒介过程中，广告对您产生何种影响？

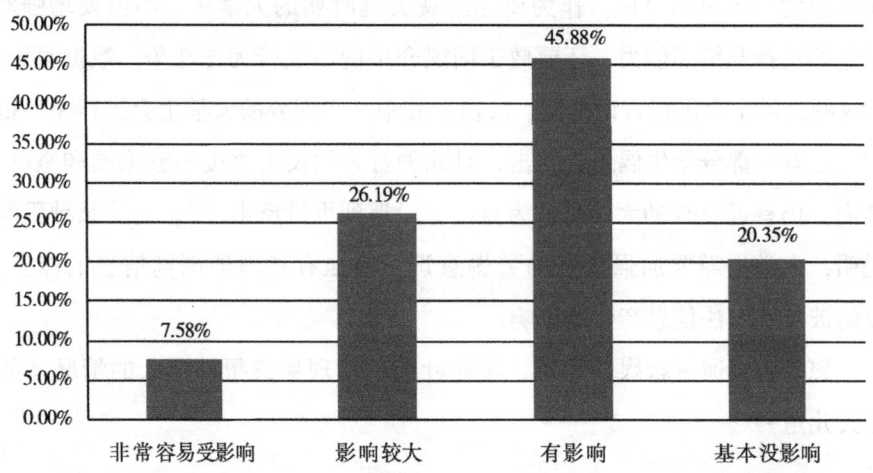

根据调查数据显示，新媒介广告对大学生产生了较大的影响。45.88%的大学生认为有影响，而影响较大和非常容易受影响的分别占到26.19%和7.58%，仅有20.35%的大学生认为基本没影响。新媒介广告复杂多样，鱼龙混杂，不乏诈骗、诱导和不法的广告信息，这便要求大学生一定要认真辨别广告内容，增强识辨能力，尽量减少不良广告的影响。

您会使用新媒介窥探别人的隐私吗？

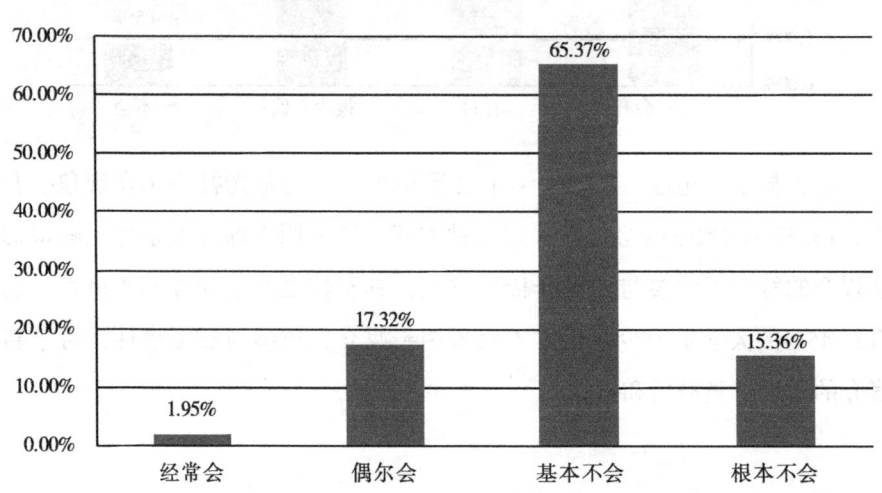

您认为使用新媒介窥探别人隐私的行为是何种行为？

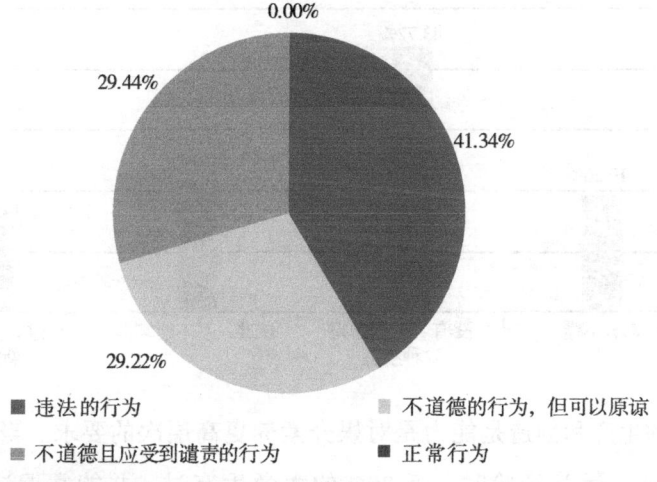

- 违法的行为
- 不道德的行为，但可以原谅
- 不道德且应受到谴责的行为
- 正常行为

媒介道德是媒介素养的重要组成部分，是人们在使用媒介中，关于道德观念、行为规范和道德品质的约束。大学生的媒介道德包括恪守信息道德规范、不制造、传播假新闻，尊重他人隐私和权利等。关于是否会使用新媒介窥探他人隐私，近80%的大学生认为自己并不会这样做；而仍有20%的少数大学生"偶尔会"，甚至"经常会"。某些大学生的媒介道德有待提高。当被问及使用新媒介窥探他人隐私的行为属于怎样的行为时，41.34%的大学生认为是违法行为；29.44%的大学生认为是不道德行为，应当受到谴责，说明大部分大学生具备媒介的道德伦理观和法律意识。但仍有近30%的大学生认为，虽然是不道德行为但可以原谅。这表明仍有一部分大学生对于窥探他人隐私等不道德的媒介行为不够看重，也没有以高标准来严格要求自己，媒介道德伦理观和法律意识需要提升。

你有过类似于建立、维护微店等运营新媒介的经验吗？

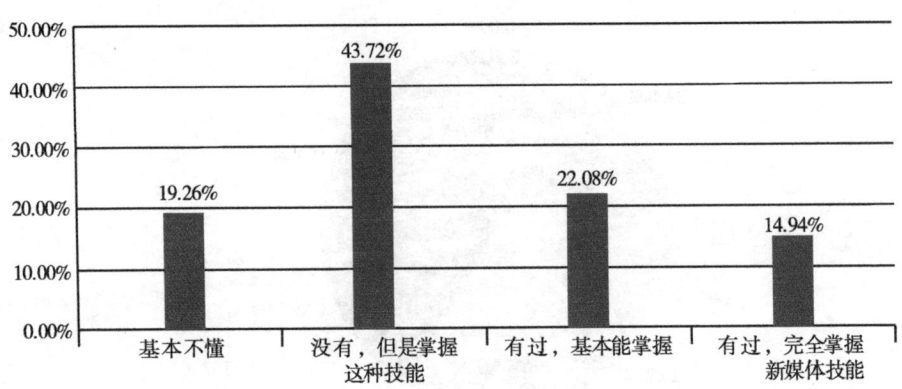

媒介的生产和创造是能力是对媒介素养更高层次的要求。当被问及是否具有新媒介运营经验时，近30%的大学生有过，并能掌握这项技能；43.72%的大学生虽然没有实战经验，但有信心能够掌握新媒介技能；只有19.26%的大学生基本不懂，既没有相关理论也没有实战经验。新媒介不同于传统媒介，进入门槛相对较低。不少大学生在校园生活中已经参与到新媒介生产、运作中。例如，校园微信公众账号的运营、个人微店的维护、个人微博，博客的更新、H5的制作等。大学生对这些活动有较高的参与热情，也对新媒介技能的掌握充满信心，具有较强的媒介创新能力。

4. 大学生媒介素养及媒介素养教育认知情况

您了解媒介素养吗？（■）

您了解媒介素养教育吗？（■）

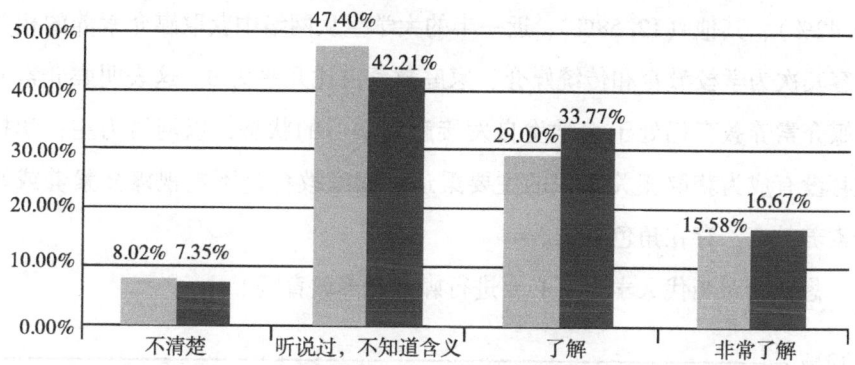

对媒介素养和媒介素养教育，均有超过40%以上的大学生处于"听说过，不知道含义"的状态；15%左右的大学生非常了解，30%左右的大学生了解，而不清楚的学生占比8.02%。从调查数据可以看出，仍有一半以上的大学生对媒介素养和媒介素养教育并没有深入的学习和了解，仅有少部分的大学生"非常了解"在媒介使用愈发普遍的时代，媒介素养和媒介素养教育也需得到普及。从整体而言，大学生对媒介素养的了解整体上超过了对媒介素养教育的了解。

您从哪里获得过媒介素养或媒介素养教育的相关内容（多选）？

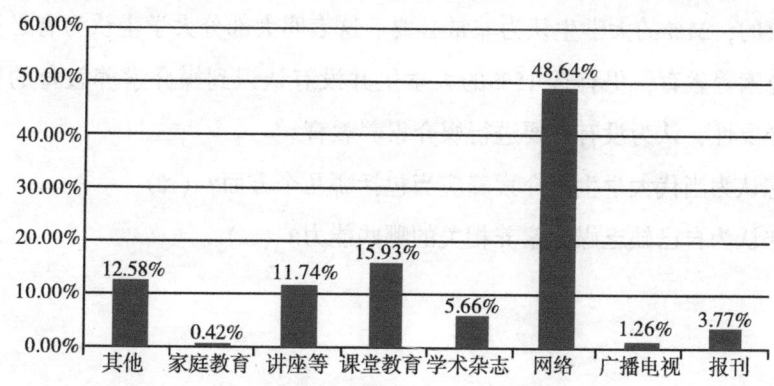

从调查数据可以看出，大学生获得媒介素养或媒介素养教育内容的渠道依次为：网络（48.64%）、课堂教育（15.93%）、讲座（11.74%）、学术杂志（5.66%）、报刊（3.77%）、广播电视（1.26%）、家庭教育

(0.42%)、其他（12.58%）。近一半的大学生从网络中获取媒介素养的相关内容其次为学校教育和传统媒介，家庭教育占比几乎为0。这表明媒介素养或媒介素养教育仍处于大学生自发接触和学习的状态，以网络为主；学校教育没有成为获取相关知识的主要渠道；家庭教育毫不重视媒介素养或媒介素养教育，存在角色缺失。

您认为对当代大学生有必要进行媒介素养教育吗？

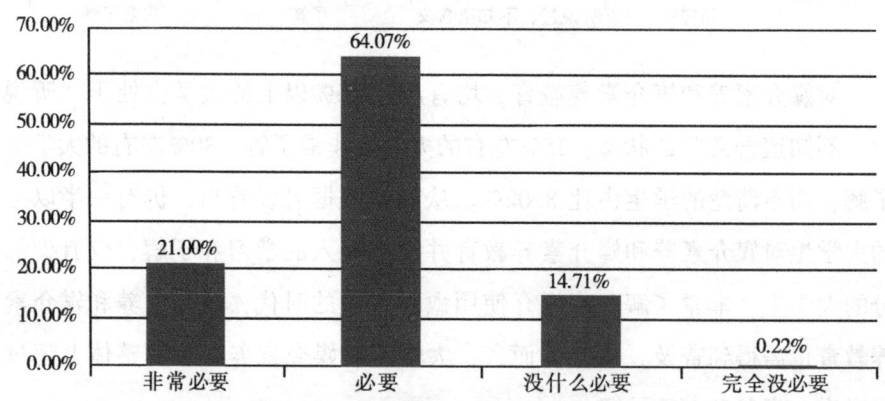

对大学生有无必要进行媒介素养教育调查显示，64.07%的大学生认为是必要的，21%的大学生认为非常必要。这表明大部分大学生认为有必要进行媒介素养教育；仍有近15%的大学生并没有认识到媒介素养教育的紧急性和必要性，认为没有必要进行媒介素养教育。

您认为当代大学生媒介素养应当包括哪几个方面？（■）

您认为自己缺乏媒介素养相关的哪些能力？（■）

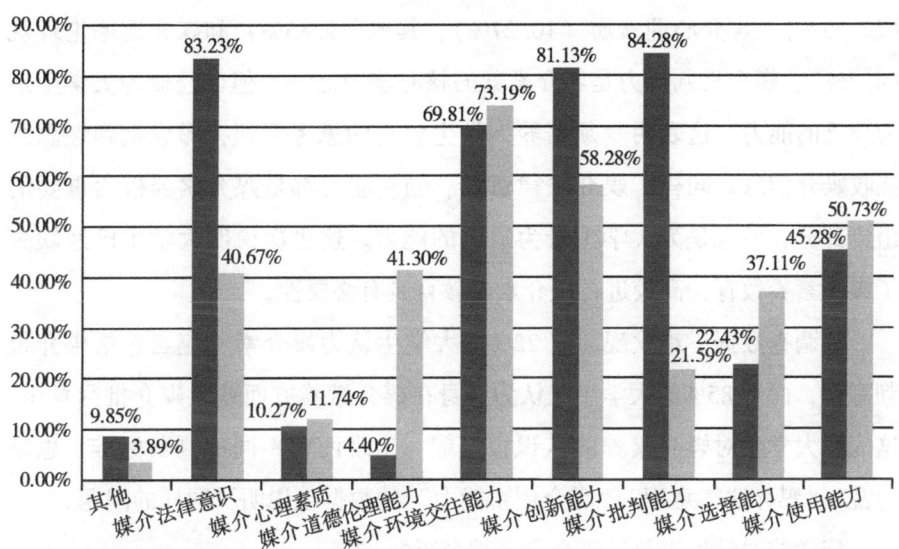

大学生对于媒介素养内涵的理解不尽相同，从调查数据可以看出，大学生认为媒介素养应当包括：媒介环境交往能力（73.17%）、媒介创新能力（58.28%）、媒介使用能力（50.73%）、媒介道德伦理观（41.30%）、媒介法律意识（40.67%）、媒介选择能力（37.11%）、媒介批判能力（21.59%）、媒介心理素质（11.74%）和其他（3.89%）。随着媒介的飞速发展，大学生对媒介素养的理解也在不断深入。媒介素养不但包括了媒介的使用、选择、理解、思辨、质疑、评估、创造和生产能力，还包括了媒介使用过程中应当具备的媒介道德伦理观、法律意识。然而，根据数据，73.17%的大学生选择了媒介环境交往能力，并有一半以上的大学生并没有选择"媒介道德伦理观""媒介法律意识""媒介选择能力"和"媒介批判意识"。这表明，大学生对于媒介素养的认知确实比较模糊，属于自发和感性认知阶段，知识碎片化，不够全面，缺乏系统的、正规的教育。

当被问及大学生自身最缺乏的媒介素养时，从高到低依次为：媒介批判能力（84.28%）、媒介法律能力（83.23%）、媒介创新能力（81.13%）、媒介环境交往能力（69.81%）、媒介使用能力（45.28%）、媒介选择能力

(22.43%)、媒介心理素质（10.27%）、其他（9.85%）和媒介道德伦理观（4.4%）。媒介批判能力是媒介素养的核心能力之一，但已经成为大学生最为缺乏的能力。这表明亟须培养大学生独立的思考习惯，形成批判性思维接收媒介信息。同样，媒介法律意识、创新能力都是媒介素养极为重要的组成部分，但也是为大学生最为缺乏的能力。这再次说明大学生已经缺失了媒介素养教育，高校进行媒介素养教育具有必要性。

从调查数据不难发现，仅22%的大学生认为媒介素养应当包括媒介批判意识，而近85%的大学生又认为自身在媒介素养方面缺乏媒介批判意识。这表明大学生对媒介素养的认识很模糊，出现两种不同的判断标准，思维混乱。"媒介法律意识""媒介创新能力"的数据也说明了同样的问题。

您学校对学生进行过媒介素养教育吗？

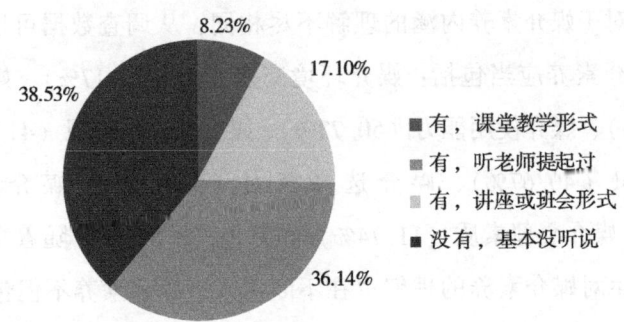

从调查数据可以看出，38.53%大学生所在高校并没有进行过媒介素养教育；一半以上的大学生只是在课堂、讲座或班会上听说过；仅8.23%的大学生进行过正规的课堂教育。可见，目前大多数高校没有开设媒介素养教育相关的课程，对媒介素养教育不够重视。

您认为媒介素养教育有无必要走进校园课堂?

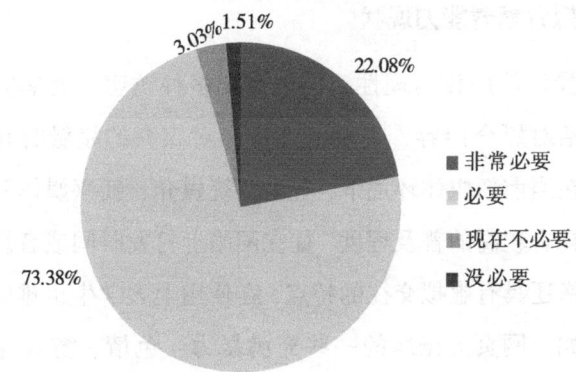

73.38%的大学生认为高校有必要让媒介素养教育走进课堂,22.08%的大学生认为非常必将其要纳入课堂教育。这说明高校的不重视与学生的强烈需求产生失衡,高校需要正视问题,及时满足学生的需求。

您认为媒介素养教育有必要纳入国家教育体制吗?

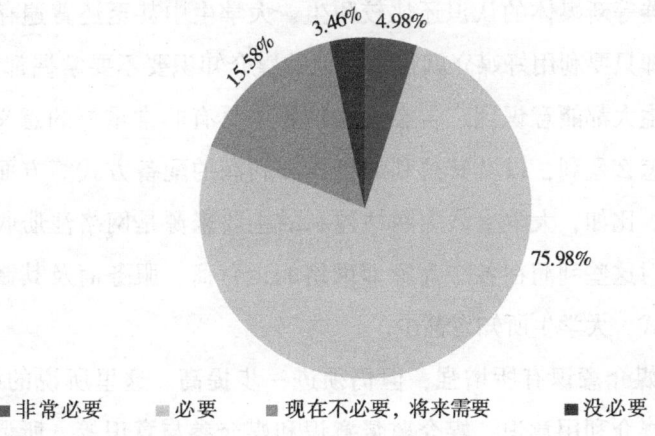

对于媒介素养教育走入校园课堂和纳入国家教育体制的问题,均有超过80%的大学生是认同的。非常必要走入课堂比纳入国家教育体制的人数比例高出近17%。这表明近期大学生对走入校园课堂的需求更加强烈。部分大学生也认为,纳入国家教育体制需要长远的规划,可能现在还不必要,但随着媒介的发展，将来是需要的。

5. 大学生媒介素养能力现状

（1）媒介操作使用较为理性，但也受到多种诱惑。大学生的媒介操作使用，主要包括对媒介内容、类别的选择和对媒介的接触时间。在媒介类别的选择上，在当前新媒体环境下，各种传统媒介、新兴媒体和网络媒介对大学生而言都具有较高的普及程度，如在网络上打发时间或者沉迷于网络游戏。另外，网络还具有虚拟交往的特点，在使用上大学生也难以抵挡各种不良的诱惑。比如，网页上充斥的一些充满暴力、色情、游戏等污浊的画面对大学生造成巨大的消极影响。同时，大学生还容易收到各种虚假广告和网络购物等不良商业促销行为的刺激和诱导。

（2）对媒介基本知识有所认知，但对深层知识掌握不足。新媒体环境下，大学生获取知识的渠道更为多样。他们对于媒介的定义、性质和分类等基本常识都有一定的认知，对于传统媒体也有一定的了解。但他们对手机、数字播放器等新媒体的认识还比较陌生，大学生中甚至还普遍存在这样一种认识，即只要利用好媒介就行，其他的媒介知识要不要掌握都无关紧要。当代大学生大都能意识到广告在大众传媒中具有非常重要的意义，但是对大众传媒怎么盈利，以及其盈利的模式和利润的配备方式等方面的知识却不甚了解。比如，大学生认为网站盈利的主要来源是网络注册收费和网站广告，但对这些利润在各个商家即网络的运营商、服务商及其制作商之间的分配方式，大学生所知者甚少。

（3）媒介意识有所增强，但仍须进一步提高。这里所说的媒介意识，主要是指媒介利用意识、媒介监督意识和媒介参与意识等。所谓媒介利用意识，就是指积极主动借助媒介获取自己想要的信息的意识。当前大学生在遇到困难的时候或者在寻找相关的信息时，主要是利用人际、网络和资料三个主要渠道，而求助网络渠道的趋势在上升。媒介监督意识是指大学生通过合法的途径或方式对损害社会公共利益、他人或自己的利益进行制止的思想和行为。从现状来看，我国大学生在这方面的监督意识还相当薄弱，认为媒介的失当行为应由法律去约束，自己的监督和投诉并不能制止失当行为，除非自己的利益受到了严重的危害。媒介参与意识主要是指积极参与并能够通过媒介影响他人的想法和行为。在新媒体时代，大学生媒介参与的行为主要是通过博客、微博和网络社区等以语句或者文章的形式表达自己的思想，但影响并不是很大。

（4）媒介辨别能力具有一定基础，但对虚假信息的识别能力有待提高。媒介辨别能力是媒介素养能力的重要方面，对于大学生来说具有重要的意义。拥有较好媒介辨别能力能够帮助他们清晰地辨别不同媒介类别、媒介形式和虚假信息。调查显示，有76%以上的大学生可以清晰辨别新闻类的广告；有68%以上的大学生对客观报道的新闻事实与新闻事实评论能作出较好的辨别；只有6%左右的大学生会把新闻类的广告误当做新闻并深信不疑；5%左右的大学生会把一些专家或流派的观点当做客观新闻报道。而在辨别虚假信息的问题上，只有30%左右的大学生对虚假信息作出较为准确的判断，还有20%左右的大学生对虚假信息无法辨别，46%左右的大学生表示对这个问题不太清楚。

三、当前大学生媒介素养存在的问题

对受教育者思想状况以及现有基本素质进行了解，是思想政治教育增强针对性和提高实效性的前提条件。在媒介环境发展的过程中，影响青少年品德发展因素的结构程式也发生了变化，由"家庭、学校、同辈群体和大众传媒"变为"大众传媒、同辈群体、学校和家庭"。其中，大众传媒已成为青少年信息来源最广、对思想品德影响最深刻的第一影响源。对本次的调查结果进行分析总结后发现，目前大学生的整体媒介素养状况堪忧，存在以下一些主要问题。

1. 对媒介认知有限，对媒介信息的理性判断有所欠缺

对媒介的认知包括对媒介运作方式的了解、对信息的鉴别和批判、认识和了解媒介应承担的社会责任等内容，这些都是衡量媒介素养水平的重要指标。媒介信息如同一把双刃剑，在带给我们便利的同时也带给了我们信息污染。媒介传播者的主观因素不可避免地渗透其中，如选择的内容、报道的角度和方式，都与媒体的立场、记者的素养和业务水平相关。受众需要通过自己的社会经验对新闻事件进行判断，从而进行更为合理的反应。然而，大学生正处于身心发育期，也是人生观世界观形成的关键期，有强烈的好奇心和极强的模仿能力。虽然他们也有一定辨别是非的能力，但由于缺乏社会经验，阅历不足，自我意识和自控能力较弱，对媒介运作方式的了解十分有限。大学生对媒介的立场和观点缺乏质疑和思辨能力，这极易导致他们盲从媒介、价值观偏离和行为失范。当面对有些网络论坛甚至是正规的网络媒介对新闻事件进行不负责任或带有煽动性的评论时，他们不能理智、冷静、全面和系统地去加以分析，而常常会以偏概全，产生偏激情绪。

2. 媒介反馈能力整体水平不高

按照"民主参与理论"的一些观点，任何民众个人和弱小社会群体都有知晓权、传播权、对媒介的接近和使用权，以及接受媒介服务的权利。但是利用媒介解决问题、发表自己意见的大学生却不多。大多数学生还处于被动地接受媒介信息的状态，从未想过可以利用媒介发表自己的观点来影响他人。还有一部分学生因为媒介素养的缺失，滥用所谓的自由表达权。他们或用一些不实的信息造谣生事、混淆视听；或用一些偏激、片面的不负责任的言论进行发泄。更有甚者，利用网络这个新媒介发泄私愤，对他人进行人身攻击，以为躲在暗处就可以不受任何约束。这些行为从一定程度上掩盖了他们合理意见的表达，影响媒介表达权利的实现。

3. 合理利用媒介及媒介信息的能力和媒介制作能力薄弱

媒介使用目的不恰当、自控能力缺失和自我管理能力较弱，使得一些学生的媒介行为不仅没有服务于其学习和生活，反而挤占了正当的学习和生活时间，起到了反作用。应当看到，从总体上来看，由于大学生缺乏科学的媒介理论指导和系统的训练，其媒介素养是在日常的媒介接触经验基础上，通过个人的直觉而形成的，处于自发和被动状态，具有较大的盲目性和浅层次性，因而当代大学生的媒介素养整体水平较低。同时，在媒介运用与操作方面，大学生普遍水平较低，制作媒介产品的能力有待提高。

4. 媒介道德规范认识模糊，自律意识差

大学生整体上对媒介道德规范的认识较为模糊，媒介道德立场脆弱，缺乏自律意识。调查显示，大部分学生对有关新闻出版、知识产权和网络管理方面的政策法规不甚了解。虽然他们对利用媒介进行信息传播、侵权盗版行为有所认知，但是利用媒介信息有功力主义倾向，自律意识薄弱，存在滥用媒介信息、不负责任地散布不良信息等现象，形成了负面影响。使用媒体已成为大学生生活的一个重要组成部分，他们的媒介素养处于自发状态，缺少系统的、规范的、理性的指导。大学生的媒介道德规范的认知与自律能力还处于较低的阶段，具有明显的功利性倾向，思想上尚有许多模糊认识，在道德评价上存有偏差。

四、对于思想政治教育工作者而言，大学生媒介素养教育存在的难题

新媒介传播形态种类多样、内容丰富而多元、平台平等而开放，信息获取更加便捷，不仅拓展了学习渠道，而且拓宽了高校思想政治教育的载体，创新了教学模式，改善了教育理念。新媒介已成为新的时代背景下一种珍贵的学习资源、辅助工具，有利于促进大学生成才就业、高校思想政

治教育的实效性。新媒体的快速发展和普及很快融入了乐于接受新事物的大学生生活，改变了大学生的信息获取方式、交流方式、思维方式和生活方式。作为从事高校思想政治教育工作的辅导员来说，不得不重视新媒介给大学生带来的新变化。然而，正式由于新媒介开放性、交互性、虚拟性和多元化等特征，不可避免地给并不具备高层次媒介素养的大学生带来了负面影响，也给新时期高校思想政治教育工作者带来了难题。主要表现在以下四个方面。

1. 大学生媒介素养水平整体不高

前面刚提到过，面对新媒介的不断涌现，大学生在媒介素养方面表现为：对媒介认知有限，对媒介信息的理性判断有所欠缺；媒介反馈能力整体水平不高；合理利用媒介及媒介信息的能力和媒介制作能力薄弱；媒介道德规范认识模糊，自律意识差等。这些都显示，当前大学生媒介素养能力水平整体不高，这是当前高校思想政治教育工作者面临的首要难题。

2. 大学生媒介素养能力参差不齐

美国学者詹姆斯·波特在《媒介素养》❶一书中提出媒介素养的三大重要基石：个人定位、知识结构和技能。个人定位由处理信息的目标、搜寻信息的动机构成；知识结构是存在于个人记忆中一套有组织的信息；技能则是获取媒介信息时的"工具"，包括分析、评价、分类、归纳、演绎、综合和提炼。高校大学生群体数量多，来自具有不同文化背景的地域，拥有不同的性格特征、家庭背景和教育背景等，加上年龄、性别、经验、学习能力和成长经历等的不同，每个大学生的个人定位、知识结构都存在差异，致使他们获取媒介信息的技能也不尽相同。此外，中国高校也没有统一设置媒介素养的课程，因此大学生的媒介素养参差不齐，应对新媒体带来的变化也因人而异。这也给高校教育者提出了新的课题——如何提高大学生

---

❶ 詹姆斯·波特.媒介素养[M].李德刚,等译.北京:清华大学出版社,2012.

媒介素养，积极应对新媒介给大学生带来的新变化，提高思想政治教育的实效性。

3. 高校整体媒介素养意识不够，认识不足

在大众传媒深度介入社会生活呈不可阻挡之势的情况之下，高校思政工作者对大众传媒的作用，以及对大众传媒与加强思想政治建设的关系的认识并没有与时俱进，对于媒介素养这个概念更是了解不多。一项针对高校辅导员的调查曾经显示，高达540%以上的辅导员不知道或没听说过媒介素养，更不用说对学生开展媒介素养教育。

4. 思想政治教育工作者自身媒介素养能力水平有待提高

就目前大多数高校思政工作者的来源看，传播学、新闻学或信息学等学科出身的很少。自身的媒介素养没有相当的水平，这就影响了思政工作者对于媒介素养教育作用的发挥。因此，多途径提高思政工作者的媒介素养教育是当务之急。

五、思想政治教育视域下加强大学生媒介素养教育的意义

思想政治工作在不同的历史时期有不同的具体任务。在当今时代，大众传媒从形式到内容都发生了巨大的变化，进入了传播大众文化时代。这种大众文化是按照社会主义市场经济准则和广告商的意愿生产的，它有积极的作用，但也有迎合低级趣味、不追求深度、不追寻意义、不追求创新，只追求享乐的生活方式的负面影响。这与追求深度和历史感，追求意义，树立牢固的共产主义理想，确立正确的人生观、价值观为基本目的和价值取向的高校思想政治教育背道而驰。因此，对大学生进行媒介素养教育具有重要的现实意义。

受教育者是思想政治教育过程一个最基本的构成要素，它作为教育者实施教育的归宿点和教育传播的目的地，对思想政治教育活动的进行及其

效果起决定性的影响。从对大学生媒介素养现状的分析，我们可以看出，当前大学生的媒介素养尚处于较低水平阶段。然而，思想政治教育是一种特定的信息传播工作，是以社会主义思想体系为核心内容的价值观念的传播，其表达形式、运用手段与大众媒介有密不可分的联系。从这个角度来讲，在思想政治教育工作中有意识地培养和提高大学生的媒介素养，引导和教育大学生正确解读传媒信息，合理使用传媒工具，增强批判意识，提高自我教育能力，有效应对媒介传播的大量涉及意识形态、价值观念、道德观念、政治立场的内容，对思想政治教育具有重要的作用。

1. 加强大学生媒介素养教育，有利于提升高校思想政治教育传播效果

面对纷繁复杂、无处不在、无时不有的信息，教育者想为受教育者创造一个单纯的、无害化的信息空间，或者对不利于受教育者身心发展的负面信息进行"防"与"堵"都是不现实的。大学生媒介素养的培养，不仅要注重其媒介认知能力、媒介信息解读能力、媒介使用能力等方面能力的培养和提高，而且要着眼于大学生认知结构、思维方式的优化，培养其自我教育能力。提高大学生的自我教育能力，使大学生具备辨别是非、和利害信息的"内功"，提高对负面信息的抵抗力，从教育载体的角度来看，大学生是思想政治教育的主体，主体能动地、积极地和高效地参与是提升大学生思想政治教育水平的前提和基础。随着教育信息化的推进，大学生思想政治教育的技术手段日益先进和多样化。作为教育主体的大学生，只有具备一定媒体使用能力，才能真正地参与到大学生思想政治教育的互动中来。也唯有如此，教育的效果和质量才能得以优化和提升。

2. 加强大学生媒介素养教育，有利于帮助大学生树立正确的人生观、价值观和世界观

在人人都可以有"发言权"的信息化社会里，媒介生态环境复杂多变，再加上校园里缺乏积极有效的"把关人"，这就使得大学生所接触到的信息鱼龙混杂，个人主义、利己主义、消费主义、拜金主义甚至颓废主义等非

主流价值观渗透其中，暴力、色情、犯罪等内容泛滥。而具有强烈求知欲、好奇心和极强的模仿力，且判断力、价值判断标准尚未成型的大学生，极易受到这些负面的大众传媒信息的影响，容易发生个人的人生观、价值观、世界观与社会主导的核心价值观相背离的现象。科学引导大学生树立正确的"三观"是高校思想政治教育工作的一项重要任务。媒介素养教育的核心目标之一，是培养和提高公众对媒介的批判性及有效的使用能力。这不但体现在公众对媒介负面影响的防范意识，对媒介文本暗含的价值观念及意识形态的解读能力和体察能力，还表现为积极主动地获取有益的信息，以及调整个人价值观念及行为的自主意识。因此，在思想政治教育工作中，以社会主义核心价值体系为指导，培养大学生的媒介素养，有利于提高大学生的批判能力和社会洞察能力，使大学生成为媒介信息积极主动的"获取者"和"解读者"，文明的信息"发布者"，以及对媒介信息负面影响的自觉"抵御者"，学会"屏蔽"那些虚假、有害信息，吸取与社会主义核心价值观一致的信息，从而有利于促进大学生树立正确的人生观、价值观和世界观。

3. 加强大学生媒介素养教育，有利于营造良好的思想政治教育环境

随着传播技术的发展，传播媒介越来越多样化，而由其传播的信息也日益多元化。在这种情况下，如果大学生自身的媒介信息素养较低，缺乏对信息的分析和批判能力，就会导致其疲于接受媒介传播的海量信息，形成麻木盲从的心态而成为信息的奴隶，常常被媒介牵着鼻子走，甚至接受、认同，甚至传播消极的大众传媒信息，从而污染高校媒介信息环境，为高校媒介信息环境的优化增加难度。教育环境的建设与受教育者的主体素质的提升是相互依赖的。提升受教育者的素质至少包括两个方面：一是提高受教育者面对复杂社会环境时的辨别能力和自我控制能力，抵制不良环境因素的诱惑；二是增强受教育者主动参与环境建设的自觉意识，形成重视环境建设、从我做起的主人翁意识。高校校园传媒载体丰富多样，包括报

刊、书籍、广播、电视和网络等。然而，校园传媒所反映的内容及其对大学生思想的影响是复杂的，此外，不同的信息可能使校园传媒的教育、引导作用出现相互抵消、相互干扰，一定程度上削弱了大学生思想政治教育的效力。培养和提高大学生的媒介素养有利于增强大学生的主体意识，提高大学生对媒介信息环境的自主选择能力、自主分辨能力和自我控制能力，确立对媒介信息环境的独立意识、主人翁意识和驾驭意识，主动获取和传播与社会主义核心价值观一致的信息，自觉遏制与主流价值观相悖的信息，从而为营造健康、文明和和谐的校园媒介信息环境提供内源性动力，创造一个健康向上、良好文明的思想政治教育环境，以便更好地为高校思想政治教育服务。

六、思政工作者对大学生进行媒介素养教育途径探析

根据贝罗的理论，"接收者"是译码者，处于信息的接收端，将传播者传递的信息转为接收的信号。译码同编码过程相似，不同的学生会产生不同的接收效果，这主要源于大学生的表达技能、学习态度、先前知识和经验、家庭背景、社会背景等的不同。因此，本研究将从大学生自身、高校和社会三个宏观层面去具体探讨提升大学生媒介素养的有效途径。

1. 大学生自身主动挖掘提升媒介素养能力的内在动力

当代大学生对于新鲜事物还是充满了好奇，通过前面调查对目前大学生接触媒介情况，解读、判断和辨析媒介信息情况，以及对媒介素养及其教育认知情况进行的调研情况分析，发现当代大学生的媒介素养缺失的情况还是比较严峻的。这种实际情况警示高校必须重视大学生自身媒介素养教育，应由外部灌输和引导内化成学生主动学习和自觉发现自身媒介素养的缺失，学生能够主动地成立专业社团组织来弥补学校活动开展的不足，更好地促进媒介素养的提高。从根本上说，提高大学生的媒介素养需要大

学生自身的积极配合,把理论应用于实践,发挥其主体的作用。因此,要提高大学生的媒介素养,必须切实加强大学生自身建设。

(1)加强自我教育,主动意识到提升自我媒介素养的必要性。大学生作为媒介素养教育的主体,其主动行动与自觉性发挥的程度直接关系到大学生媒介素养教育的实效性。大学生应通过自我教育,提高自身的媒介素养意识,自觉地意识到处于媒介社会中需要学会保护自己,学会如何在媒介社会中生存,主动意识到他们媒介素养的缺失情势的严峻,将这种意识内化成为自己的思想,从而再去积极开展一些实践行动。把外在的影响内化为自己的品质。只有这样,大学生的媒介素养才能处于高水平、高层次的状态,才能达到媒介素养教育以帮助学生利用媒介完善自己,提升自身情趣,理智地面对媒介信息的目标。第一,养成良好的媒介使用习惯。大学生应该自觉形成规范的网络行为,理性的接触和使用一切媒介,形成良好的媒介接触和使用习惯,以服务自身的发展。第二,树立远大志向和正确的价值观。大学生应在日常生活和学习中树立远大的志向、正确的价值观,以积极的心态去学习,不知不觉地抵制不良信息。第三,养成高尚的道德人格。具备了高尚的道德人格,大学生自然会远离垃圾信息,成为信息的真正"主人"。

(2)加强自我实践,积极参与学校组织的各种形式的媒介素养教育活动。自我实践是大学生媒介素养知识转化为技能的重要途径和方法,即大学生对媒介及信息是否理解,以及对媒介理论是否掌握和知识能否转化为技能都需要通过自我实践,积极地参与学校组织的各种形式的媒介素养教育活动,主动地接受老师的课程和认真听取讲座,从中吸取自身匮乏的知识和技能,主动地对课程和相关问题提出意见和问题,对媒介素养教育形成自我的观点和看法,有效地获取各种所需的知识。一方面,要积极参与校园的媒介活动,通过校园媒介实践,大学生可以具体参与媒介产品生产流程,培养一定的操作能力,成为一名对媒介及其信息成功的解读者和利用者；另一方面，还可以到市场化了的大众媒体中去体验，这样可以提高对媒介认识和利用能力，对今后真正进入社会积累宝贵的经验。总而言之，在媒介影响力日益增强的今天，在学校、社会以及学生自身努力下，大学生通过接受一种全面的、立体的媒介素养教育，从而全方位的提高自己的媒介素养。我们相信，通过媒介素养教育，大学生将会认识到媒介素养的重要性，不断地了解媒介及其信息，从而更加科学有效地接触和利用媒介及其信息，不断成长为适应信息社会需要的合格人才。

2. 高校发挥教育引导作用，不断提升大学生媒介素养能力

在高校教育中导入媒介素养教育，是培养学生媒介素养最有效、最科学的方法之一。高校作为大学生思想政治教育的主阵地，应主动把大学生媒介素养教育作为提高大学生媒介素养的正规化、系统化的教育途径。

（1）抓主渠道、主阵地，科学构建符合大学生认知特点的课程体系，让媒介素养教育走进课堂。在高校中开设媒介素养教育课程，是培养和提高大学生媒介素养切实可行而有效的途径和方法。高校应该从实际出发，采取循序渐进的办法让媒介素养教育走进课堂。第一，明确大学生媒介素养教育的目标。大学生媒介素养教育目标包括知识目标、能力目标和价值目标媒介素养教育的核心在于促使大学生道德判断能力的形成，增强大学生利用媒介发展自身、服务社会的能力。第二，建立媒介素养教育的内容体系，编写合适通识教育的媒介素养教材。大学生媒介素养教育的内容应根据其目标来确定，内容应包括向大学生传授基本的媒介信息，使大学生形成正确的媒介观念，提供使用媒介的能力，从而强化大学生的道德观。通过明确媒介素养教育的内容，编写合适通识教育的教材，为专业和非专业的学生提供的教材资源，提高大学生的媒介素养。第三，探索媒介素养的教学模式。大学生媒介素养教学模式必须因地制宜，以分步进行的方法来实施媒介素养课程教学，即分层次、分阶段进行。条件成熟的院校，可以直接开设面向全校的媒介素养教育公共必修课程；有一定基础和条件的

院校，可以先在部分专业中开设选修课进行实验，待条件完全成熟后再设为各专业的公共必修课或通识教育课程；没有条件开设媒介素养教育课程的院校，可以采取举办学术论坛、专题讲座的形式，开展一些初步的媒介素养教育活动，起到引导、带动的作用。

在设置专门的媒介素养教育课程对大学生进行媒介素养教育的同时，高校应该加强"两课"教育，占领对大学生进行系统的思想政治教育的主渠道和主要阵地，充分利用"两课"培养大学生的媒介素养。如利用思想政治理论课中马克思主义的理论、方法和观点对提高大学生对媒介信息的认知能力、解读能力和批判能力等有着重要的理论指导和方法论支持作用。同时，教师在课堂上利用媒介资源进行课堂教学的过程中，可以对大学生进行有关媒介与媒介信息使用的方法指导。

（2）将媒介素养教育与人文素养教育、思想政治教育相结合。人文素养是指一个成为人和发展为人才的内在素质和修养，人文素养教育是媒介素养教育的基础。因此，对大学生进行媒介素养教育，必须要重视学生的整体人文素养，加强大学生的人文素养教育。"媒介素养教育就是受教育者在媒介的社会环境里更加健全、更加完善的素质教育，这种素质教育在高校的实施，能够塑造健全的人、完善的人，促进和提升人的全面发展。"因而，把媒介素养教育纳入大学生思想政治教育是促进大学生全面发展及其健康成长的必然结果。传统的思想政治教育并没有意识到对学生进行媒介素养教育这一点。大学生思想政治教育课作为大学生行为习惯和道德风尚形成、控制和发展的重要阵地，是大学生思想道德塑造的主要来源。从根本上说，高校思想政治教育的内容和媒介素养教育的内容有相通之处，媒介素养是新时代的要求，所以媒介素养教育应为大学生思想政治工作的应有的内容，这样大学生的德育才能跟上道德发展的步伐。

（3）加强媒介技术培训，提升大学生参与媒介和创作媒介信息的能力。现代大学生对社会民主政治生活的参与意识越来越强烈和自觉，其中话语权成为他们最强烈的诉求之一。但是，如何使用话语权，特别是如何通过媒体正确使用话语权，是一个亟待解决的问题。大学生的媒介素养教育能让他们形成正确的媒介使用观，找到合适的表达渠道和表达方式。因为大学生一般比较喜欢在网络等新媒体中参与，所以高校思政工作者也要毫不迟疑地跃入这片海洋中，与正在其中弄潮搏击的学生同游共泳，并且要努力当他们的"领游人"。要积极推进辅导员博客建设，创新网络新媒体环境下的高校党建工作，完善高校BBS。此外，还要多鼓励大学生参与传统主流媒体的互动。大学生对传统媒介认识不足，缺少互动的意愿和能力，因而要让他们熟悉传统主流媒介的特性，了解学习信息传播的过程及技巧，知道如何向媒介发布信息，以及如何从媒介那里获得反馈信息。当代大学生具有较高的文化资本，具备一定的理解能力、思辨能力和批判能力，但相对而言，大学生的创作能力较弱。因此，思政工作者要鼓励学生利用媒介来制作和创作，达到发展自我、提高媒介素养的目的。

（4）进行师资培训，加强理论研究，提高思想政治教育者的媒介素养。思想政治教育者是思想政治教育活动的承担者、组织者和发起者，在思想政治教育活动中发挥主导作用。思想政治教育者的媒介素养水平直接关系到媒介素养教育的教学水平。教师要做好媒介素养教育工作，首先得自身的媒介素养有进一步的提高，跟上时代发展的步伐，科学运用大众传媒，搞好舆论引导。把思政工作者的媒介素养教育落到实处，需要积极探索媒介素养培养的机制和模式，将大众传媒知识和理论的学习列入思想政治教育工作者的理论业务学习之中，明确学习目标，规定学习内容，探索学习方式，提出学习要求，使提高媒介素养的要求从报告文件会议之中变为行动，落到实处。同时，思想政治教育者要加强媒介素养教育的理论研究。思想政治教育者自身要加强对媒介素养教育的重视度，增强意识，加强媒介素养教育的理论研究，尤其是加强在思想政治教育的视野下，媒介素养与思想政治教育的相关性的研究，以及如何通过提高受教育者媒介素养来提高思想政治教育实效性的研究,以加强对媒介素养教育实践的指导。

3. 赢得社会支持,营造健康的社会媒介环境,为提升大学生媒介素养提供保障

媒介素养的形成并非只取决于学校,社会环境和社会交往也是对学生媒介素养教育产生影响的重要因素。因此,社会环境和社会氛围是一种无形的教育力量,对大学生媒介素养起到潜移默化的作用。

(1) 政府全力监管发挥主导作用。国家政府的政策支持,具有政策的强制性和权威性,并赋予媒介素养教育合法的地位,对于大学生媒介素养教育的实施和开展来讲,是最有力的保障和依靠。各级政府要起到带头作用,全力支持媒介素养教育。国家政府教育部门应出台鼓励实施大学生媒介素养教育的文件和政策,以此来推动全国各大高校和教育界形成开展媒介素养教育的潮流,国家政策的出台有效地保证各地都能积极开展大学生媒介素养教育,使更加重视对大学生的媒介素养教育。

同时,政府在法令政策上引导媒介素养的提升,完善各种相关的法规,约束媒介的传播行为,保证媒介素养所需的良好社会环境。国家应加强对各种媒体的监管和监督,保证媒介信息的"零污染",并加快进行媒介监督和立法的进程,整治和优化大学生所处的媒介环境,为大学生媒介素养教育的实施营造一个净化的环境。

(2) 家庭积极配合发挥家庭互动教育作用。家庭教育是最初始、最直接的教育方式。其中,家长对孩子的影响是最大的,因此大学生媒介素养的提高需要家长的参与。应该从三方面:第一,家长要正确对待媒介的作用,转变对媒介的恐惧。媒介犹如一把"双刃剑",既可以给我们带来便利,也可以带来负面作用,需要家长要理性看待媒介。第二,家长要提升自身的媒介素养。家长对媒介的恐惧,主要原因是在于家长本身对媒介的认知、思考和使用的基本常识与技巧的缺乏。因此,家长要通过各方面学习关于媒介的知识,认识和理解,不断提升本身的媒介素养,用开明的态度看待孩子使用媒介,并且在学生使用媒介的过程中,向其传授媒介素养知识。第三,家长积极引导。家长可以利用各种方式积极引导学生关注现实,在生活中树立模仿的榜样,激发他们的进取心,让他们的目标可以在现实的学习生活中实现。

(3)媒介机构和民间社会组织积极承担起社会责任。媒介机构是媒介信息产生的源头,是信息生产的机构和信息传播的"把关人",在媒介素养教育中起到中流砥柱的作用。因此大众媒介在大学生媒介素养提升中不应该是观望者,而是主动的参与者。媒介产品制作者应具有社会责任感和教育情怀,须牢记媒介的社会责任,必须成为一个社会人文关怀者,有专业精神和崇高的职业道德,为大学生传播具有主流价值的信息和资讯。在媒介产品的内容加工与制作上,要努力做到贴近大学生的内心世界。媒介机构不仅仅只是一个企业,也不只是一个单纯的信息的通道,而是架起社会大众与社会与国家的桥梁。通过这个桥梁,人们认识、理解和学习各种不同的知识与文化。不能只看到市场经济的经济效益,而要看到社会效益,媒介产品是作为一种精神产品输送给社会大众的。媒介机构应对产生的媒介产品内容进行管理和监控,完善媒介机构传播信息的道德指引,舆论导向、教育启示以及文化熏陶的功能,积极地为社会传递正面的阳光的价值观念。

附录

新媒介环境下大学生媒介素养调查问卷

一、基本信息

1. 您的性别：

   A. 男　　　B. 女

2. 您的政治面貌：

   A. 中共党员　　B. 共青团员　　C. 民主党派　　D. 群众

3. 您所学专业所属学科类型：

   A. 理科　　　　B. 工科　　　　C. 文科　　　　D. 管理

   E. 艺术　　　　F. 其他

4. 您所在年级：

   A. 大一　　　　B. 大二　　　　C. 大三　　　　D. 大四

5. 您的年龄段：

   A. 18~20 岁　　B. 21~23 岁　　C. 24~27 岁　　D. 其他

二、媒介接触情况

1. 您平时经常接触的媒介有（多选）：
   A. 报纸杂志　　B. 广播　　　　C. 电视　　　　D. 电脑
   E. 手机　　　　F. 移动电视等

2. 您平时使用最多的媒介（多选）：
   A. 报纸杂志　　B. 广播　　　　C. 电视　　　　D. 电脑
   E. 手机　　　　F. 移动电视等

3. 您每天使用电脑上网的时间为：
   A. 小于1小时　　B. 1~3小时　　C. 3~6小时　　D. 6小时以上

4. 您使用电脑的常用功能为（多选）：
   A. 查阅资料　　B. 阅读新闻　　C. 玩游戏　　　D. 聊天
   E. 购物　　　　F. 追剧、综艺节目、看电影　　G. 完成作业
   H. 听音乐　　　I. 刷朋友圈　　J. 刷论坛　　　K. 刷微博
   L. 学习其他技能　M. 其他

5. 您每天使用手机上网的时间为：
   A. 小于1小时　　B. 1~3小时　　C. 3~6小时　　D. 6小时以上

6. 您使用手机的常用功能为：
   A. 查阅资料　　B. 阅读新闻　　C. 玩游戏　　　D. 聊天
   E. 购物　　　　F. 追剧、综艺节目、看电影　　G. 完成作业
   H. 听音乐　　　I. 刷朋友圈　　J. 刷论坛　　　K. 刷微博
   L. 学习其他技能　M. 其他

7. 如果一天不能接触新媒介，您会：
   A. 完全不能适应　B. 焦虑不安　　C. 勉强能适应
   D. 可以调节，没大影响

8. 如果一个月不能接触微博、朋友圈等新媒介内容，您会：

   A. 无法忍受、不可想象   B. 可以忍受，但很煎熬

   C. 不好忍受、勉强接受   D. 可以忍受，应该没太大影响

9. 您能接受不接触新媒介（以手机微信为例）的期限为：

   A. 不能接受   B. 几个小时   C. 一个星期   D. 一个月及以上

10. 您觉得自己是否属于"低头族"？

   A. 是，经常有事没事低头玩手机   B. 是，但不是盲目的玩手机

   C. 否，手机占用时间不是很多   D. 否，只在有事时使用

三、选择、解读、分析、判断和利用媒介的情况

1. 您能否熟练地使用新媒介进行工作学习？

   A. 非常熟练   B. 熟练，但还需要学习

   C. 不熟练   D. 完全不会

2. 您了解新媒介的运作方式吗？

   A. 非常了解   B. 比较了解   C. 不太了解   D. 不了解

3. 您认为在使用媒介中，需要选择和辨析媒介吗？

   A. 非常需要   B. 需要   C. 可能需要   D. 不需要

4. 您获取信息的主要渠道为：

   A. 报纸杂志   B. 电视、广播   C. 网络、手机   D. 移动电视等

5. 在使用新媒介浏览信息时，会有意识地分辨他们的真实性吗？

   A. 全部信息都会主观过滤   B. 会，但不会深究

   C. 很少会，认为基本是真实客观的   D. 不会，都是真实客观的

6. 如果对新媒体报道内容有所怀疑，您的做法是：

   A. 凭自己主观判断   B. 比较不同报道渠道，努力弄清真相

   C. 不太当回事   D. 由具体事件决定做法

7. 您是否有本打算去看书、却被看电影、追剧、玩游戏等媒介产品打

乱，自制力不强的时候？

  A. 经常会 B. 偶尔会 C. 很少会 D. 基本没有

8. 对新媒介中，传播色情、暴力信息的态度？

  A. 自觉抵制 B. 几乎不浏览 C. 偶尔浏览 D. 时常浏览

9. 您会观看网络直播吗？

  A. 经常会 B. 一般，看过 C. 很少，偶尔 D 从未看过

10. 您对类似于"papi 酱"这样网红的态度：

  A. 非常支持与喜欢   B. 比较喜欢，支持态度

  C. 不喜欢，也不关注   D. 比较厌恶，从未关注

11. 您对朋友圈刷屏类似于"魏则西事件"等热点事件的态度：

  A. 会跟风刷屏

  B. 在了解事情原委的情况下选择性评论、转发文章等

  C. 会了解热点事件，但不刷屏

  D. 不想了解，也不会刷屏

12. 如果网络上遇到刻意抹黑国家和党的言论，您会进行言论抵制、反击吗？

  A. 一定会，每次都不放过 B. 会，进行过反击

  C. 偶尔会反击   D. 没遇到也没反击过

13. 您是否会通过新媒介渠道，曝光社会不良现象或帮助别人的情况（如丢失儿童）？

  A. 经常会有 B. 有过 C. 很少，偶尔 D. 不会

14. 您在使用新媒介过程中，广告的影响：

  A. 非常容易受影响 B. 影响较大 C. 有影响 D. 基本没影响

15. 您会使用新媒介窥探别人隐私吗？

  A. 经常会 B. 偶尔会 C. 基本不会 D. 根本不会

16. 您认为使用新媒介窥探别人隐私的行为是：

　　A. 违法的行为　　　　　　　　　B. 不道德的行为，但可以原谅

　　C. 不道德且应受到谴责的行为　　D. 正常行为

17. 你有过类似于建立、维护微店等运营新媒介经验吗？

　　A. 有过，完全掌握新媒体技能　　B. 有过，基本能掌握

　　C. 没有，但是掌握这种技能　　　D. 没有，基本不懂

四、媒介素养及媒介素养认知情况

1. 您了解"媒介素养"吗？

　　A. 非常了解　　B. 了解　　C. 听说过，不知道含义　　D. 不清楚

2. 您了解"媒介素养教育"吗？

　　A. 非常了解　　B. 了解　　C. 听说过，不知道含义　　D. 不清楚

3. 您从哪里获得过"媒介素养"或"媒介素养教育"的相关内容（多选）：

　　A. 报刊　　　　　B. 广播电视　　　C. 网络　　　　D. 学术书籍

　　E. 课堂教育　　　F. 讲座等　　　　G. 家庭教育　　H. 其他

4. 您认为对当代大学生有必要进行"媒介素养教育"吗？

　　A. 非常必要　　B. 必要　　C. 没什么必要　　D. 完全没必要

5. 您认为当代大学生"媒介素养"应当包括哪几个方面？（多选）

　　A. 媒介使用能力　　　B. 媒介选择能力　　　C. 媒介批判意识

　　D. 媒介创新能力　　　E. 媒介环境交往能力　F. 媒介道德伦理观

　　G. 媒介心理素质　　　H. 媒介法律意识　　　I. 其他

6. 您认为自己缺乏媒介素养相关的哪些能力？（多选）

　　A. 媒介使用能力　　　B. 媒介选择能力　　　C. 媒介批判意识

　　D. 媒介创新能力　　　E. 媒介环境交往能力　F. 媒介道德伦理观

　　G. 媒介心理素质　　　H. 媒介法律意识　　　I. 其他

7. 您学校对学生进行过"媒介素养教育"吗？

   A. 有，课堂教学形式　　　　　　B. 有，讲座或班会形式

   C. 有，听老师提起过　　　　　　D. 没有，基本没听说

8. 您认为"媒介素养教育"有无必要走进校园课堂？

   A. 非常必要　　B. 必要　　C. 现在不必要，将来需要　　D. 没必要

9. 您认为"媒介素养教育"有必要拉入国家教育体制吗？

   A. 非常必要　　B. 必要　　C. 现在不必要，将来需要　　D. 没必要

10. 您认为当代大学生使用新媒介的最突出问题是什么？举例说明。

参考文献

[1] 郑燕林,马诗婧,刘爽. SMCR 模式视角下 MOOC 建设的路径选择[J]. 中国电化教育, 2014,(333):36-64.

[2] 汪永奇,钱杭园,张佩成. 贝罗传播模式在广告中的应用[J]. 当代传播,2006,(1): 68-70.

[3] 崔慧萍. 从贝罗的 SMCR 传播模式看网络环境中教师隐性知识的传播[J]. 中小学教师培训,2013(328):18-21.

[4] 陈洁,高国希. 大学生思想政治教育内容体系研究[J]. 思想理论教育导刊,2011 (154):86-89.

[5] 张洪英,王静,商存慧. 多元文化下的大学生思想政治教育新探索[J]. 西北工业大学学报,2014(34):98-101.

[6] 何桂美. 高校思想政治教育实效性的内涵及影响因素[J]. 学校党建与思想教育,2014 (487):14-16.

[7] 唐辉,李志,雒晓卫. 媒介素养教育:大学生的必修课[J]. 河北师范大学学报,2008,10 (4):102-104.

[8] 林润静. 新媒介对高校思想政治教育的影响及对策研究[D]. 苏州:苏州大学,2012.

[9] 颜士轩. 新媒体时代下的大学生思想政治工作研究[J]. 科教文汇,2015(301): 10-12.

[10] 何显辉,刘华凤. 高校博客思想政治教育功能探析[J]. 临沧师范高等专科学校学报, 2012,22(4):78-81.

[11] 王亚萍. 关于大学生媒介素养教育的分析与思考[J]. 当代教育论坛,2008(12): 77-78.

[12] 兰英.基于大学生就业思想政治教育的辅导员角色实现[J].高校辅导员,2014(25):41-45.

[13] 张冠文.论媒介素养教育的构成与范式[J].当代教育科学,2004(4):14-16.

[14] 刘雷,马华芳.论思想政治教育传播过程及模式[J].广西社会科学,2008(155):198-201.

[15] 吴佳.浅谈传播学视域下如何提高高校思想政治教育的实效[J].科教文汇,2014(276):12-13.

[16] 曾艳.浅谈高校辅导员如何开展大学生就业指导工作[J].就业,2012(6):150-151.

[17] 徐帅,陈博.试论如何提高思想政治教育传播的效果[J].理论月刊,2014(11):134-136.

[18] 黄明伟.思想政治教育传播优化初探[J].理论探讨,2004(120):82-84.

[19] 黄世虎.思想政治教育传播中的信息污染及其治理[J].广西社会科学,2011(195):19-22.

[20] 穆晓丽.微信与高校思想政治教育创新初探[J].山西高等学校社会科学学报,2014,26(6):114-117.

[21] 张晓波.影响思想政治教育传播效果的因素分析[J].广西师范大学学报,2001,37(1):71-74.

[22] 兀林.影响思想政治教育过程的传播性因素及对策[J].社会科学家,2010(162):127-130.

[23] 匡文波.新媒体概论[M].北京:中国人民大学出版社,2012:3-52.

[24] 李才俊,唐文武.网络视角下的思想政治教育方法新探[M].成都:西南交通大学出版社,2014:121-136.

[25] 张禧,毛平,尹媛媛.大学生思想政治教育实效性探索[M].成都:西南交通大学出版社,2014:288-297.

[26] 方文,黄荣华.网络环境下高校思想政治教育研究[M].北京:中国水利水电出版社,2013:84-109.

[27] 张瑜.高校网络思想政治教育发展与创新研究[M].北京:人民出版社,2014:160-173.

[28] 陈玉霞.中国新媒体研究回顾[J].现代视听,2012(01).

[29] 史向军,张琼."90后"大学生思想行为特点与高校思想政治教育方法[J].重庆理工大学学报(社会科学),2013(01).

[30] 韩军芳.主体间性思想政治教育必然性探讨[J].前沿,2012(14).

[31] 许瑞芳,王腾."社会主义核心价值观教育与思想政治教育学科发展"专题研讨会会议综述[J].思想政治课研究,2014(04).

[32] 刘小锦.大学生网络思想政治教育实效性研究[D].济南:中共山东省委党校,2013:1-38.

[33] 孙建青.当代大学生核心价值观教育问题研究[D].济南:山东大学,2014:1-231.

[34] 刘多.高校网络思想政治教育实效性研究[D].太谷:山西农业大学,2013:1-35.

[35] 程婧.改革开放以来大学生思想政治教育若干问题研究[D].南京:南京大学,2013:1-148.

[36] 周伟音.三十年来高校思想政治教育内容研究创新[D].齐齐哈尔:齐齐哈尔大学,2014:1-43.

[37] 冯程伟.新时期大学生思想政治教育实效性研究[D].保定:河北大学,2010:1-33.

[38] 张高桢.传播学视域下的思想政治教育实效性研究[D].马鞍山:安徽工业大学,2011:1-44.

[39] 孟翠艳.大学生网络思想政治教育实效性问题研究[D].兰州:西北师范大学,2011:1-65.

[40] 孙传通.增强大学生思想政治教育的实效性研究[D].上海:华东师范大学,2008.

[41] 麻荟.多元文化背景下高校思想政治教育实效性研究[D].石家庄:石家庄铁道大学,2013.

[42] 刘小戈.关于增强大学生思想政治教育实效性的实践途径研究[D].长春:东北师范大学,2007.

[43] 张博.微博、微信在高校新闻宣传中的应用研究[D].北京:北京林业大学,2014.

[44] 黄介彬.新时期大学生思想政治教育实效性研究[D].重庆:西南大学,2008.

[45] 龚正球.新时期高校思想政治工作的实效性研究[D].长沙:湖南师范大学,2012.

[46] 柳松.大学生思想政治教育内容体系的构建研究[D].济南:山东大学,2012.

[47] 高翠欣.新时期大学生雷锋精神教育研究[D].北京:中国地质大学,2014.

[48] 吕丹.信息化视阈下思想政治教育现代化建设研究[D].兰州:兰州大学,2014.

[49] 杨贤芳. 自媒体时代大学生思想政治教育创新研究[D]. 合肥：安徽大学, 2014.

[50] 钱海东. 当代中外高校思想政治教育比较：内容、方法与目标[D]. 上海：上海外国语大学, 2009.

[51] 窦妍. 传播学视野下的大学生思想政治教育研究[D]. 西安：西安科技大学, 2014.

[52] 赵春莉. 高校辅导员开展思想政治教育工作创新研究[D]. 吉林：吉林大学, 2014.

[53] 周瑛, 张梦涛. 传播学视域下的思想政治教育现代化[J]. 兰州大学学报, 2010, 38(38): 179-181.

[54] 夏兰. 大学生思想政治教育网络沟通研究[D]. 重庆：西南大学, 2009.

[55] 李军. 传播学视域下的思想政治教育过程及实效性研究[D]. 遵义：遵义医学院, 2011.

[56] 王志强. 运用传播学理论研究思想政治教育的效果[D]. 西安：西北大学, 2011.

[57] 陈茂生. 新媒体与思想政治教育载体研究[D]. 武汉：华中师范大学, 2007.

[58] 陈虹亦. 新媒体条件下的思想政治教育工作创新研究[D]. 云南：云南财经大学, 2014.

[59] 杜俊峰. 新媒体技术对大学生思想政治教育的影响[D]. 渤海：渤海大学, 2014.

[60] 生奇志, 展成. 大学生媒介素养现状调查及媒介素养教育策略[J]. 东北大学学报, 2009, 11(1): 66-70.

[61] 陈永斌. 微文化传播背景下大学生媒介素养教育的挑战与对策[J]. 观察与思考, 2014, 237(6): 68-71.

[62] 王莲华. 新媒体时代大学生媒介素养问题思考[J]. 上海师范大学学报, 2012, 41(3): 108-115.

[63] 何慧, 何伟峰. 新媒体视域下大学会道德教育问题的探究[J]. 辽宁广播电视大学学报, 2016, 138(1): 58-59.

[64] 陈华巍. 新媒体视域下大学生思想政治教育有效路径论析[J]. 观察与思考, 2016, 260(3): 82-86.

[65] 廖翼, 姚屹浓. 我国大学生网络素养研究：基于文献综述[J]. 农业网络信息, 2016, 1(1): 66-70.

[66] 汤秀娟. 高校政治辅导员职业道德建设的内容和途径[J]. 读与写·教师教育, 2008(3).

[67] 夏高发.高校青年教师职业道德建设研究[J].教育与职业,2007(5).
[68] 马玉玲,田辉,郭振清.关于高校辅导员师德建设的思考[J].河北科技师范学院学报:社会科学版,2007(5).